品成

阅读经典 品味成长

活得像自己，才是对生命最好的馈赠。

你不必是一朵花。

好好爱自己，做自己的光。

有一节课，你或许已经缺席许久，

不在学校的教室里，也不在冰冷的说教中。

人生的秘密藏在生活的细微处，通关的技巧在温暖的怀抱中流传。

天空没有痕迹，智慧的青鸟已滑过。

补上久违的一课，命运的齿轮也已转向你。

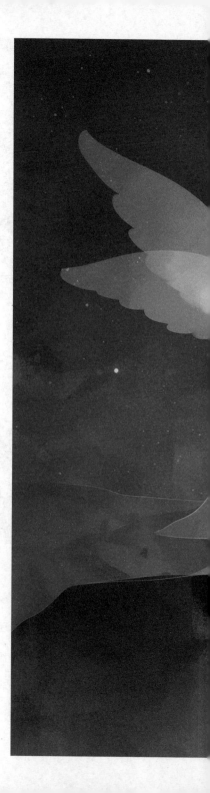

这世界有时让你惶恐，像个孩子般无助，

有太多的未知，太多的不知所措。

让爱与智慧做你的翅膀，

接住你的每一次坠落，带你找寻真正的自己。

天地之大，无边无际，你可以成为你想成为的任何样子。

花只是你微不足道的点缀，

不开花也没关系，你不必做一朵花。

山谷中，风轻轻吹来，光洒在你的身上。

向下扎根，山河大地是你的滋养；

向上生长，日月星辰做你的背景。

周身清凉，内心喜悦。这世间，太多过眼云烟，唯有平静与力量

永不被掠夺，永与你随行。

你不必是一朵花

理微尘 著

人民邮电出版社

北京

图书在版编目（CIP）数据

你不必是一朵花 / 理微尘著. -- 北京 ：人民邮电
出版社，2024.4（2024.6重印）
ISBN 978-7-115-63813-7

Ⅰ．①你… Ⅱ．①理… Ⅲ．①人际关系学－通俗读物
Ⅳ．①C912.11-49

中国国家版本馆CIP数据核字(2024)第042777号

◆ 著 　　　理微尘
责任编辑 　马晓娜
责任印制 　陈 犇

◆ 人民邮电出版社出版发行 　　北京市丰台区成寿寺路 11 号
邮编 100164 　　电子邮件 315@ptpress.com.cn
网址 https://www.ptpress.com.cn
三河市中晟雅豪印务有限公司印刷

◆ 开本：880×1230 　1/32 　　　　　彩插：4
印张：6.75 　　　　　　　　　2024 年 4 月第 1 版
字数：110 千字 　　　　　　　2024 年 6 月河北第 7 次印刷

定价：52.80 元

读者服务热线：（010）81055671 　印装质量热线：（010）81055316
反盗版热线：（010）81055315
广告经营许可证：京东市监广登字 20170147 号

目 录

第2章

自我保护，无须羞愧

第3章

放下重担，学会松弛

第4章

身心和谐，发展之道

第5章

人际交往，轻松相处

你不必是一朵花

前言：我的外婆，从不内耗

　　我时常会想起外婆，她是个非常特别的存在，虽然她身材娇小，我小时候却觉得她像山一样高大，充满力量。我的父母对我非常严厉，幼年时我只有寒暑假可以去外婆家，她简朴的家在我心里仿佛是自由的圣殿。每当我遇到困难去找外婆时，她总有办法巧妙解决。

　　不知从何时起，"内耗"成了一个热词，很多人都深陷其中而无法自拔，失去了行动力。外婆若在世，她应该是不能理解这个词的，因为她决策、行动向来干脆，好像永远有着无穷的生命力。

　　外婆出生于一个资本家家庭，她的同学是四大家族的小姐。外婆总显得特立独行，当时别的兄弟姐妹都乖乖读书，去上了名牌大学，她却非要学音乐；大家都选择了门第相当的对象，她却非要嫁给当时已经家道中落的外公；结婚时娘家在上海为她买下四层公寓，她却用这个公寓开起了夜校，教工人识字、珠算。

更令人难以理解的是，外婆自从嫁给外公后，就跟随外公从大上海跑到贫穷省份工作，进了一所学校。当时的校长欺负她，克扣她的工资，于是她到处写信申诉，甚至反映到国务院，还收到了国务院的回信，支持她维权。从此，校长再不敢招惹她。然而，等到后来校长落难，要求她在校长的材料上签字时，她却拒绝了，理由是她"记性太差，都不记得了"，其实是她不愿落井下石。

作为一所以学生打架厉害而闻名的中学的教导主任，外婆跟学生们关系特别好，获得了学生们的爱戴和拥护。

外婆的另一特别之处是心态年轻。

73岁时，只会几个单词（如你好、谢谢这类），她就敢一个人带着两个巨大的行李箱跑到加拿大住了半年。

86岁时，一次次帮助遭遇家暴的钟点工阿姨找律师打官司。

88 岁时，因为我一直不结婚，就问我是不是喜欢女孩子，并表示这种情况在加拿大很常见，她尊重我的选择，还将我的一个朋友误解为我的"女朋友"，拜托她好好照顾我，弄得对方哭笑不得，继而又很感动于外婆对我的关心。

89 岁时，外婆摔了一跤住进了医院，跟隔壁床病人的护工阿姨相谈甚欢，护工阿姨被隔壁床病人家属欺负时，外婆为她打抱不平。对方回怼时，外婆不慌不忙笑眯眯地说："我上去之后（指上天堂）会保佑你们的。"对方不敢再说半句。

一直到生命最后，外婆出门前都要仔细搭配丝巾和口红，化妆半小时。

外婆的行动力也特别强，她想到一件事，就一定要去做，绝不等待。以前我一直觉得那是一种鲁莽，后来才明白，这实则是一种智慧。因为生活中的变数实在太多，机会稍纵即逝，愿望随时间的流逝也会变质，所以要活在当下，尽力抓住此刻。

外婆的一生都在做加法：**在活着这个基本前提下，她会尽量把握住可以把握的部分。所有的经历，都是一种收获。**

而绝大多数人的人生理念，是做减法：先预设出一种完美顺遂的路径，所有可能遭遇的挫折都是潜在的损失，在这个逻辑前提下，人就会患得患失，瞻前顾后，陷入内耗。内耗就如一块橡皮，在理想和现实之间反复摩擦，最后擦掉了真正的自己。

外婆的这些人生智慧，源自她对自己的信任和喜爱。因为她发自内心地喜欢自己，相信自己是好的、优秀的，是值得信赖的，所以她才能勇敢地去做任何自己想要做的事情。遇到困难时，她绝不气馁，会寻找任何可以借助的力量和方法，不断尝试。成功了，就会形成正向反馈，鼓励自己进行下一次挑战。

我曾经问过外婆有没有过什么遗憾的事情，她听到后非常惊讶：

"为什么要有遗憾呢？想做就去做嘛。"

"那如果结果不好呢？"

"至少我知道结果了嘛。至少我这一辈子，都会很精彩。"

我试图将外婆告诉我的道理和她的人生故事记录下来，但这些不过是她人生河流中的吉光片羽，远不能展现她的风采之万一。当我想把这些故事凝结成一本书的时候，一个难题摆在了我的眼前：零散的故事之间要用何种逻辑串联？正如我从记忆的沙滩中收集了无数片美丽的贝壳，如何才能串成一条优雅

你不必是一朵花

别致的项链？

我一直在试图想出办法，却始终不得要领。

突有一日，我看到了一位农人正在救助一棵树，顿时领悟，人生不正如一棵树吗？受伤了，需要先修剪掉那些坏死的部分（认知觉醒）；然后，构建自己的防御罩（自我保护）；在安全、放松的环境下寻求内在发展（学会松弛）；默默扎根，积蓄养分，疗愈修复（身心发展）；随着能量的积累，我们才有力量、有勇气将枝叶探出保护罩，与外界产生联结（人际交往）。当真切的、略带残酷的风霜雨露打在身上时，却也是海因茨·科胡特（Heinz Kohut）所说的"恰到好处的挫折"，在磨砺中成长，我们将变得更加强韧。

当强健、平静、有力，达到内外的统一与和谐时，我们就成为温暖的、饱含生命力的模样，这也是成长本来的样子。本书就是按照这样的脉络来组织内容的。

人生路漫漫，道阻且长，愿我们都能成为像外婆那样坦荡快乐的人。

在我心中，外婆一直是山一样的存在。

山稳稳地立在那里，是因为她拥有平静与力量。

飞鸟停在山巅，是因为她相信自己的翅膀。

你生而为山，何拘为一朵花？

你生而有翼，何愿一生匍匐？

第 **1** 章

认知觉醒，跨越陷阱

现在，放松下来，不要再欺负自己了

从前，外婆一直被称作"大小姐"，这并非因为她家族的基业有多大，当时的旧上海富豪云集，更何况抗战时期，江浙一带的有钱人大多搬到上海租界避难。这个"大"，是因为她是高祖婆的第一个外孙女，因此特别受看重，高祖婆将她接到身边，亲自抚养。

外婆说，外面的人以为当时那些太太、小姐只需要每天打打麻将聚聚会就好，其实不然，她们也有很多东西需要学。特别是像外婆这样，自小被当作家族主理人来培养的女孩子。就像《红楼梦》里的王熙凤一样，要打理大家族的方方面面，还要平衡婆家、娘家的关系，其实并不容易。何况在当时那个社会，女性的地位非常低，外婆的母亲在高祖婆的保护下长大，据说性子相当温顺善良，从不与人起冲突。高祖婆从小培养外婆待人接物、识人处事的能力，想来也是担心自己终老之后，如果唯一的女儿和善软弱，必定受人欺负，所以她要培养一个厉害的孙女，才可放心。

正可谓："父母之爱子，则为之计深远。"祖母爱孙女，想来也是一样。我心中暗暗想，这也许就是外公结婚时家族虽然已经式微，但外婆的父母没有一点意见，还能相当开明地接纳他的原因吧。也许他们原本就想着找一个家业不那么大的人家。

外婆幼年时就需要学习如何防止佣人在菜色、数量上糊弄；学习如何辨别并打理贵重的衣料首饰——小孩子却不被允许穿和用，他们的打扮都比较朴素（可能是出于安全考虑）；学习如何打理自己的物品，如何保护自己。外婆说，他们还做过预防"拍花子"的练习。稍大一点，高祖婆就让她跟在身边，学习如何管理佣人；如何立规；如何防止家中被偷盗；如何巧妙回绝那些上门讨钱的；如何辨别那些虚伪狡诈的人；如何与人斡旋，说话不落把柄；如何处理事情公正，让各方心服口服。

外婆小时候请了先生在家里教，稍大一点后就去女校上

你不必是一朵花

学，还在学校学会了怎么弹奏风琴。高祖婆相当开明，不仅让外婆读书学习，还教外婆如何跟太太们打麻将，如何不动声色地故意输给别人，如何跟男生交往，还让外婆跟着去灯光明亮的茶馆、戏院甚至百乐门"开眼界"。但高祖婆不允许孩子们去看电影，因为电影院环境黑暗，有安全风险。

记得我十岁时，外婆买了盒香烟，点燃后让我闻，我觉得一点不好闻，她自己吸了一口，让我也试试，我也学着吸了一口后，被呛到流眼泪。她说："知道了吧，就是这样，一点不好玩，以后要有人邀你抽，你小学都试过了，没意思的。"后来我才知道，这种教育方式来自高祖婆，她会带外婆去见识各种东西，甚至让她看过大烟是什么。

如此种种教育，因为学校没有教，没有现成的课可以上，所以都是靠长辈一点点言传身教带出来的。据外婆说，高祖婆的教育宗旨大概是让孩子们什么东西都见识过后，就能够辨别什么是好东西，什么是坏东西，不然，小孩因为眼皮子浅，别人一点新奇东西就能给带跑了，让孩子们在安全的环境中尽情探索；知道一个家是怎么运转的，如何抓大放小，既松弛又不出错，哪些是关键点要抓住，哪些可以随它去；学会待人接物，识人的技巧……其中种种分寸极难拿捏，如果不是在具体的事例中看长辈具体的做法，小孩子是很难理解和体会的。

家庭教育中，家长们常常会忽略但至关重要的一点——顺序：在孩子的成长过程中，家长们常常将所有知识经验、人生道理一股脑倒给他们，但很少有家长会思考，孩子应该先学哪个，后学哪个。尼采说："一棵树越是高大，它的根就越是伸向黑暗。"而一棵根基不牢的树，注定是会歪斜的，这就是现代人拧巴和内耗的根源。家长们不知道，"见贤思齐"是有前提条件的，就是已经拥有充实、丰盈的自我认知，相信自己有改变的能力，但家长们将传统文化中强者用于自我提升的道理直接灌输给自身尚弱的孩子，用圣人的标准要求孩子，并将之视为理所当然，达不到就打击指责，这是忽略了人性的真相和成长的本质。

可悲的是，太多的孩子就是这样浑浑噩噩成长起来的，当有一天他们成为父母的时候，自然也无法梳理出教育的逻辑，也会在教育孩子时选择走上熟悉的道路，复制自己熟悉的教育模式。因为我们身处其中，往往将"习惯"当作"合理"，却不去考虑其他的可能，就像意识不到空气的存在一样，意识不到那些已经成为习惯的原生家庭的错误行为和语言方式。有时候，我们甚至会进行强迫性重复，即在经历了一件痛苦的事

你不必是一朵花

后，会在以后不自觉地制造类似的情境，以致不断地体验同样的痛苦，因为那是我们最初关于家的体验，我们不确定改变是否会更不安全，习惯性地将"熟悉"当作安全甚至爱，这就造成了很多家庭教育悲剧。

当外婆自己也成了外婆的时候，她也是像自己的外婆那样做的。外婆从没有用"别人家的孩子怎样优秀，你怎么这样差""你这里做错了，那里做错了""成绩这么差，你怎么有脸回家"之类的话，以上位者对下位者的口气对我挑剔、比较、挖苦、讽刺。在我们的家族中，她比任何人都有资格用长辈的权威来教育孩子，但她没有，而总是温和地拍着我的肩膀说："你们还不是大人，但外婆曾经是小孩。"**她蹲下来，站在孩子的位置，用孩子的眼光去看世界，照顾着我们的情绪感受。她从不讲什么大道理，而是将那些只可在至亲之间教授的知识诀窍糅合在日常生活中，身体力行地示范给我们看。**

这世上，真正重要的东西要靠心去领悟。她的教导是我人生的重要财富，有些道理，当时不明，只知道外婆是怎样做的，但当我真的遇到类似问题时，往往能恍然大悟："原来如此。"

王阳明的弟子陆澄曾问师父："静时亦觉意思好，才遇事便不同，如何？"王阳明说："是徒知静养而不用克己工夫也。

如此，临时便要倾倒。人须在事上磨，方立得住，方能'静亦定，动亦定'。"

我们在心平气和的时候，往往知道怎样做，能说出来很多道理，但是一旦遇到事情，就什么都忘了，被情绪裹挟，做出让自己后悔的事情，主要原因就是没有"在事上磨"。在一件事情发生时，如果我们身处其中，看着长辈是怎么做的，自己才会真正有所体会，才能把其中的道理琢磨明白。以后自己遇到同样的情况时，自然就知道如何应对。

这也是我写这些故事的用意。

在咨询实践中，我常遇到这样的案例：父母吵架了，孩子会认为是因为自己表现不好。

孩子其实是在用这种方式来获得一种虚幻的掌控感：好像只要自己做得好一点，就可以避免让自己感到害怕的事情（如父母吵架）发生。这样的孩子长大了，他就会习惯性把所有责任（无论是不是自己的问题）都扛在自己肩上，例如：

出门被车撞：我就不该出门；

被别人骂："一个巴掌拍不响"，我一定也有问题；

被欺负：为什么不打别人就打我？

……

你不必是一朵花

他试图用这种方式获得一种虚假的安全感："是不是我做得好一点，多注意一点，就不会遇到这样的事？"真的如此吗？事实上，这样的想法反而会让人蜷缩起来，不断后退。我们知道，有些事发生是人无能为力的，需要允许它发生；有些问题自己有责任，别人也有责任，光自己做好也无法解决。

著名心理学家罗伯特·S.汉德森（Robert S. Henderson）一百岁时，学生曾问他一定没有什么情结了吧，他说自己依然受到它的影响。学生感到非常失望：原来心理学家到100岁了，都没办法逃脱情结的影响。但紧接着，汉德森说："但是我知道了它在哪里，我就能绕着走。"

出现什么问题都找借口，肯定不对，但把问题都全然归结于自己，也不公平，我们可以尝试全面分析，做好课题分离：出现失误，结果不如意时，要试着把各种原因都列出来。对于那些以我们的能力改变不了的部分，下次就绕过去。如果是自己的责任，就积极反思，勇于承担，但不要抢着把不属于自己的责任也揽过来。人生路上，如果将不属于自己的担子都背到自己身上，人就会越来越累。

我在心理咨询的过程中，发现来访者大多为女性，古往今来，女性成长的过程就是艰难的。而更尴尬的是，**正因为是**

009

女性，在传统家庭教育中往往被赋予更多的身份要求，比如要顺从、懂事、听话……而一些生存技能的培养，因为那些"应该"变成了空白。如果一门课，学校没有，家庭不教，甚至不许你学，当你进入社会，却突然要求你考高分，如果你考不好，就会面临各种指责："你为什么做不好？"这种情况合理吗？但有些很乖的女孩子，真的就觉得是自己不好，能力不够才导致"考不好"，然后被抑郁、焦虑、痛苦淹没。

为什么要这样欺负自己？

我知道你过得很辛苦，我知道你很不容易。但这往往并不是你本身的问题，而是在成长过程中，你因为一些无法控制的原因，缺课了。

我们需要做的，只是补课，仅此而已。

你不必是一朵花

我所经历的校园霸凌

　　我的头发一直是左偏分，这是因为我的左脸有一道两厘米长的疤。上幼儿园时，有个同学抢我的玩具，我不给，她就伸出指头抠我的眼睛，我在挣扎中划伤了左脸。后来我父母赶来，把满脸是血的我带去了医院。因为和对方家长是同事，我父母对这件事没做任何追究。从这以后，我在幼儿园不断被同学以各种方式欺负，小学时也遭遇了校园霸凌。每次被欺负时，父母总是会说："他为什么不欺负别人，只找你？你也有问题。你应该大度一些，不要这么小心眼。别人打你，你才更要团结同学，对别人更好一些。"

　　外婆成长在一个从清朝起就由女性当家的经商家族，而爷爷家则祖祖辈辈都生活在贫苦的农村。因此，爸爸和外婆的思维差异巨大。我爸总说要"以德报怨"，他要求我遇到麻烦时息事宁人，他自己也是这样做的。当别的同事诬告他、抢夺他的奖金份额、故意少算他的工龄时，他只会在家唉声叹气，愤愤不平，但是去了单位又做出一副大度的样子，全不追究，还继续跟别人做朋友。正因为如此，爸爸一度被边缘化，直到那些本来资历、能力远不如他的人职位都比他高了许多。

由于妈妈出生时，恰逢外公的妹妹还在上学、老人需要赡养的困难时期，外婆必须花更多的时间工作赚钱，妈妈一直由保姆照顾。妈妈上中学时，又作为知青下放，跟外婆相处的时间不多，因此，妈妈的处事方法也和外婆不同。这些经历又产生了连锁反应。

一是开启了我长达数年被霸凌的经历，因为同学们都觉得欺负我不会付出代价；

二是老师开始轻视我，因为觉得就算我被欺负，我父母也不会来找麻烦。

后来，我开始经常莫名其妙地感冒发烧，爸妈觉得奇怪。一日，妈妈的同事因病休息在家，她家的阳台刚好对着我在的幼儿园。后来她告诉妈妈，她看见我尿湿了裤子之后老师不给我换，而是把我拎到院子里自然吹干，我站在院子里哭，快下课的时候，老师才把我带进教室。这导致我反复感冒发烧，幼年体质很差，吃了很多苦头。

但这些事对我更深远的影响是，无论遇到什么事，我都不敢反抗，受了委屈也不敢告诉他们，因为父母不会给我支持。逐渐地，我的性格越来越拧巴。

稻盛和夫曾说："欺负你的人因你的软弱而来，欣赏你的人因你的自信而来，不在乎你的人因你的自卑而来，爱你的人因你的自爱而来。"怯懦是没有家长支持的小孩所散发出的特殊气息，会引来各种不好的事情，就像秃鹫总能发觉死亡的气息。

小学五年级的时候，原来的班主任休产假，于是学校派了一个新老师接任。由于刚开始老师对学生们都不熟悉，就按照前一学年的成绩来任命班干部。我上学期运气比较好，背中了几个大题，所以分数很高，于是老师让我当班长。文艺委员这个职位她指定给了 L。L 是我的好友，她也当了班干部，我心里挺高兴的。

L 父亲当时官任"肥差"，记得一次去她家写作业，我发现她家垃圾桶里有不少鲜花，只不过有一点打蔫卷边，处理一下还是不错的，却被扔了。在当时，鲜花这种东西还非常稀罕，想起妈妈又爱花，我就捡回家了。我回家之后把花插在花瓶里，妈妈回家之后看到鲜花时先是非常高兴，但当她知道花是从 L 家垃圾桶里捡回来的时候，她赶快把花扔了，并告诫我再也不要从人家垃圾桶里捡东西，不然会被同学笑话。

L 和我每天都一起上学放学，她总是提前去办公室给老师送东西，也会给我看带了些什么。L 有些大大咧咧的，跟朋友们什么话都说，但眼看她给老师带的东西越来越贵重，我心里觉得不安，家人也渐渐不让我和她一起走了。

有个周末我和妈妈一起回家时，看到楼道里写满了骂我的话，全是肮脏恶毒的词。我知道肯定是同学写的，拿钥匙把自己的名字刮掉，剩下的部分就留在那里，妈妈先是很小心地看我的表情，发现我没有什么异样之后，也赶快掏出钥匙帮我一起刮。

回到学校后，我听同学说，老师把我的班长职务撤了，又让我在全班同学面前承认错误，我不明白她在说什么，站着拒不承认，她让我证明自己"没说老师坏话"，又问全班同学我说了没有，当时我很多所谓的"朋友"都低下头不敢说话，L 则歪着头气呼呼地看着我。

你不必是一朵花

全班 36 个人，只有一个女生站起来为我证明，确实没有听我说过。我会终生铭记这个场景，记得她的名字。虽然后来我们去了不同的学校，逐渐断了联系，但我依然记得在这场以老师为首的、用自己的权威肆无忌惮地碾压学生自尊的霸凌中，她敢于一个人站出来。在之后的岁月中，当我面对人性的愚昧、黑暗心生厌弃甚至绝望的时候，她站出来的场景就像一道光，提醒我要永远敬畏人性中那些不可磨灭的正义、善良与勇敢，这道光再微弱，但只要有一丝希望，就足以驱散黑暗，照亮前路。那一刻，就像一个精神的图腾，永远烙印在我的心上。

我不知道是哪里来的勇气和倔强，宁愿站一上午都不愿承认错误。同学也不敢和我说话，我不愿告诉父母，老师下午又接着把我叫到办公室罚站，非要我承认。她训斥了我整整一个下午，还让其他老师"看看这样的孩子"。我难受得大哭，因为感觉之前老师对我很好，还让我当班长，这么大的反差让我非常慌乱。后来她在我面前坐下，继续絮叨：要老实交代。

她身上穿的是向休产假的老师借来的衣服，她比原主人丰满很多，绸缎旗袍紧紧箍在腰上，坐下后，衣服的针眼都快炸开了。肚子上一圈圈鼓鼓的玫瑰色提花活像只花斑大蟒，绸缎闪闪发光，如同鳞片。随着她的滔滔不绝，"蟒蛇"也"起伏蠕动着"。看到这个情景，我实在忍不住，突然大笑起来，又觉羞愧，觉得自己不该笑，所以又哭了。在这又哭又笑之间，班主任吓坏了，加上其他老师提醒她我身体一直不好，她怕我出危险，赶紧把我父母叫来。当父母问我为什么又哭又笑时，我实在不敢说"大蟒蛇"的事。

后来，父母把我送回外婆家"休养"。

我和外婆讲了我的故事，当外婆听到"花斑大蟒蛇"的故事后，笑得在床上打滚。她可惜地说："真丝都泄掉了，不是自己的衣服就胡乱穿，真不心疼。这个老师也不是忠厚之人。那些话应该不是 L 写的，是其他人。这个老师也不会管理，你转学吧，这件事情即便弄清楚也没意义。"

我问外婆："那会不会对老师造成什么影响啊？"外婆恨铁不成钢：**"别人打你，你还要管他手疼不疼吗？千万不要滥用你的善良。** 老师正是因为有权教训学生，才更要谨慎对待自己的权利。不调查就罚站训斥，我一辈子也没这样对待过学生。即便是老师，错了就是错了，不要为她开脱，无论什么后果都应由她自己承担。"

后来，我和家人一起去教育局如实反映情况，教育局领

你不必是一朵花

导很重视，很快给我办了转学。我在新学校也几乎淡忘了这件事。那位老师被取消了当年所有评优资格。而 L 的父亲在后续的"严打"中因贪腐问题锒铛入狱。

直到多年以后，我才拼凑出整件事情的真相：原班长 X 因成绩被我超越而被撤职，她模仿 L 的笔迹写了那些话，还假意安慰我，说看到是 L 写的。转头又去挑拨 L 说我看不起她，L 一气之下说出我不跟她一起"送礼"的事。X 得知之后，又向老师告状，说我和同学们说她"受贿"。

然而把我弄走之后，她也没有如愿再次当上班长，X 时年 11 岁，此后她的成绩一路下滑。但我至今仍然对 X 恨不起来，反而非常同情她。我清楚地记得，有一次，我和几个同学一起去她家玩，她让我们其中一个人站在门口看她妈妈有没有回来，确认没有回来，她才敢打开收音机放音乐，因为如果她外放音乐被妈妈知道，她妈妈就会歇斯底里地发怒。有一次我们亲眼看见她妈妈挖苦、责骂甚至疯狂指责她一个非常小的失误。我不知道当她的班长职务被撤时，她会遭到母亲怎样的对待……

你的成长，才是对恶意最好的回击

　　我办了转学手续之后，教育局指定了接收学校，但没一个班主任愿意接收我。他们给出的理由非常现实：惹出这些风波的我会不会是个"麻烦"，成绩会不会受到影响，这些谁也不能保证。还有一年多就要进行毕业考试了，学生的成绩直接决定老师的奖金、职称等，因此无人愿意冒险。不得已，校长强行指定了一个班。班主任自然是万般不情愿。我进班级后，就开始了摸底考试。由于两个学校教学进度不同，加上中间修整缺课，我只考了 32 分。后来整整一学期，新班主任都没对我笑过，还常常在班里阴阳怪气地说："她果然该转学，怪不得没人要……"

你不必是一朵花

班主任甚至直接让我父母来学校，在办公室严厉斥责、挖苦："你们怎么保证的，当初不是说成绩好吗？就是这样的垃圾！"爸妈就像做错事的小学生一样，唯唯诺诺向老师赔礼道歉。他们回家后对此事只字未提。事后回想起来，一向对我很严格，甚至会把我低于 90 分的卷子直接撕掉的父母，那段时间对我却特别宽容，也许很大程度是因为，他们觉得我之前又哭又笑的表现是精神受到了刺激，如果再刺激我，怕我无法承受又闹出什么更大的事情。

　　他们紧急找外婆商量对策，一周后，外婆来看我，又托人从省城给我买了一辆名牌自行车，这花掉了她整整一个月的工资。我至今仍记得，那辆自行车的车漆里混着像星星一样的闪粉，骑起来就像鱼儿划过水面，泛起粼粼波光。

　　后来有一次，全家去郊游，草坪上铺着布，大家一起野餐。我们吃饱后，外婆手拿红笔，指着我卷子上的错题说：

　　"你没学过这个知识点，学过肯定会，加 2 分。"

　　"这个肯定是因为粗心，下次注意验算，加 5 分。"

　　"这个是因为没时间做，前面没学的部分浪费了时间。"

　　这样一次一次累加，最后她说："你原本的分数应该是 97 分。"然后她重重地划掉"32"，写下大大的"97"。

我看着试卷上的"97"，心里充满希望。阳光从斑驳的树影中漏下，一直照进我的心里。外婆接着说："我们知道你很难受，但对于之前还有现在的老师，希望你不要恨他们。但如果你感到愤怒，也是正常的，记住——**无论什么时候，人都要靠实力说话。成长是最好的复仇。**"

从此，我很认真地听课、做作业，每次都尽力完成老师布置的附加题，有一次全班都抄了我的作业，但其中有一道题写错了，老师逐一排查后，发现只有我的是"原创"。于是那节课上，全班同学罚站，只让我一个人坐下听讲。我还暗自纳闷："我只给一个同学看了啊。"期末考试，我数学考了满分，也是全年级唯一的满分。之后，班主任每次看见我，都笑得像午后的阳光一样灿烂。此后，数学一直是我喜爱并擅长的学科。

我们知道，孩子在还很小的时候，是没有自我保护能力的，非常需要家长的支持和教育，教些学校不太会教的东西，比如学会如何自我保护。

我被欺凌的状况一直到上初中时才开始改变。而发生这个改变的原因很简单：长途电话费降价了，我可以经常给外婆打电话求教于她，而她总有不一样的方法帮我解决问题。

你不必是一朵花

应对霸凌的方法

外婆身高一米五，体重只有80斤，到老年后，她的身高、体重缩水更加严重，但她依然是他人不敢怠慢的角色，可见外婆绝不是靠体力取胜。

上初中的时候，一个男生总是在我的作业本上抹鼻涕，我非常生气，回家跟外婆说了这件事情。当时有一门课，老师说作业改不过来，让我们左右互换改作业，旁边的男生总是把鼻涕和鼻屎擦在我的作业本上，后来甚至发展到撕作业、揪头发。于是，我打电话向外婆求助。

外婆先叫我跟对方好好谈谈，但对方每次答应得很好，实际上依然如故；又叫我找老师，任课老师觉得这是很小的事，反而说我心眼小、矫情；于是她开始教我"放大招"。她问我是不是很委屈，我说是，她说："你要记住这种感觉，但是先憋着，不露声色，静静等待，因为现在你的作业本还比较新，没有什么说服力，等到鼻涕最多、作业最破的时候，就保留证据，再行动。"

我终于等到了那个男生感冒，他简直拿我的作业本当成卫生纸在用。我拿着这本往下流淌着黏液，皱皱巴巴，还被撕坏的本子，按照外婆教我的，在下课时去老师办公室，将本子摊在老师办公桌上，放声号啕大哭，哭到不能说话。全年级所有老师都在，年级组长都围过来了（有时候就是这样，你越不说话，别人越想知道发生了什么）。这时候有一些喜欢"积极表现"的同学会跟老师说发生了什么，年级组长义愤填膺，在当时的情形下，平时被这个男生欺负的其他同学好似也受到了鼓舞，纷纷站出来报告他们被欺负的事情。任课老师不知道该说什么好了，他立刻跑去班上教训了那个男生一顿。对方非常错愕，但在老师的严厉压制下还是向我道歉了。

你看，我当天什么话也没说，都是其他人说的。而且当天打他小报告的人可多了，他记仇都记不过来。本来这件事情应该就到此为止了，但外婆向来是那种事情要么不做，要做就

你不必是一朵花

要做得非常到位的人，为了保险起见，她又派出了家族中长相最凶狠的人——我爸，让他在放学路上堵那个男生。据说当时那个男生看到我爸浑身发抖，我爸却笑着递给他一个作业本，说："送你个礼物，同学之间，要好好相处嘛。"对方一下子愣住了，等回过神来之后非常感动，后来对我一直很客气。

其实，无论孩子还是成人的世界，人际交往的策略往往是相通的。我们知道，怕麻烦是人类的天性，有的老师自己的事情很多，很累也很忙，对于学生之间的矛盾会有意或无意地采用息事宁人的态度，比如让那个好说话的忍一忍，似乎掩盖、回避、拖延就能解决问题。然而，太多隐形的、未暴露的欺凌就在这样的遮掩中，给一个又一个弱小的心灵造成无可挽回的损伤。而那些欺凌者，有时甚至意识不到自己的做法是不对的，他们甚至还觉得"跟被欺凌者关系不错，当年玩得很开心，只不过是开开玩笑嘛"。

有些家长对这种情况也并不重视，比如我意识到不对劲之后，我只选择告诉外婆，因为我明白，告诉父母也是没用的，他们一定会让我"从自己身上找原因"，反而再次造成心灵创伤。没有家长的支持，会使得本来就处于劣势的孩子更加不敢反抗，甚至酿成更可怕的后果。没有一场霸凌是第一次见面时发生的，它往往是在不断的试探中愈演愈烈，直到最后不可控制。被欺凌的人，他的底牌早已被掌握，霸凌者觉得欺负对方不用付出什么成本，也不会给自己带来麻烦，于是更加肆无忌惮。

你不必是一朵花

让弱者以德报怨，是一种邪恶

中学时，有次和外婆聊起了"六尺巷"的故事。故事是这样的：清康熙年间，张英担任文华殿大学士兼礼部尚书。康熙年间还没有军机处，文华殿大学士就相当于宰相级别的官职了。他老家桐城的官邸与吴家为邻，两家院落之间有条巷子，供双方出入使用。后来吴家要建新房，想占这条路，张家人不同意。双方争执不下，就将官司打到当地县衙。县官考虑到两家人都是名门望族，不敢轻易断案。

于是，张家人一气之下写了封加急信送给张英，要求他出面解决。张英看了信后，认为应该谦让邻里，他在给家里的回信中写了四句话："千里来书只为墙，让他三尺又何妨？万里长城今犹在，不见当年秦始皇。"家人阅罢，明白了其用意，于是主动让出三尺空地。吴家见状，深受感动，也主动让出三尺房基地，"六尺巷"由此得名。

外婆神秘一笑："首先你要知道，这两家都是高门大户。如果张家是小户，吴家是大户，别说通道了，就算吴家占了张家的房子，史书可能都不会记一笔。封建社会，小人物的愤怒往往毫无用处，被欺负了就是被欺负了，公理道义这些往往都是实力相当的人才能去争一争。吴家有侥幸心理，觉得对方可能不会计较这点小事。张家却不想忍，这也很正常，毕竟朝中有人。但再大的官也是有政敌的。张英可能是真的大度，但也不能排除这种可能——如果为这么小的事出面，无疑落人口实，何况自己还不住在这里，少了三尺又怎样呢？且宰相的家书怎么会人人都知道写了什么，又是谁宣传的？此时，这事的影响就不是当初那个'含含糊糊算了'，而是十里八乡都在看，等于把吴家架上去了。

"吴家的想法你揣测一下，一则现在张英知道了，会不会表面大度，背后暗暗碾死他们？二则要真厚脸皮占了地，唾沫星子也能把他们淹死。所以吴家也让三尺，成就佳话。"

我表情呆滞，开始走神，外婆意识到自己讲深了，于是又

你不必是一朵花

说："你看，森林里住着好多动物，如果有一天兔子踩了老虎的尾巴，老虎可以'以德报怨'，因为兔子无法对老虎构成任何威胁，老虎却有一万种方法伤害兔子甚至要兔子的命，老虎当然可以非常大度地说'没关系'。

"反过来，如果是兔子被大老虎踩一脚，就可能会死。不让兔子学会躲避，而让兔子'以德报怨'，被踩了要忍着，要坚强、大度、原谅，实质是一种邪恶。任何知识都要结合自己的情况来运用，小朋友首先要学习自我保护和应对他人欺负的方法，才能保证自己健康成长，当你变成狮子时，才有资格对老虎说'没关系'。"

我做心理咨询时间越久，越会感到一种悲哀：来访者往往是所处的人际关系系统中最善良、温和的那个，而恰恰是因为他们善良多忍让，才被不断掠夺和吸食，出现心理问题。我的外国督导说，这个现象在各国都普遍存在。人类社会本质还是竞争社会，不要过于理想化。

父母在教育孩子的时候，要注意循序渐进，让一个加减乘除都不会的人学微积分，他肯定是学不会的，让兔子学狮子的生存技能，可能不但没有用，还会给兔子带来危险。教育者容易犯的一个错误是，将强者用于自我提升的知识，直接灌输给生存能力都不足的弱者。这背后往往是息事宁人的懒惰和教育能力的不足。《道德经》的内容大多是给帝王讲治国策略的，当然可以讲"以德报怨"。封建社会，帝王手中有无上权力，不学习仁义，对黎民百姓来说就是灾难，统治也不会长久。而对于普通人来说，也许孔子说的"以直报怨"才更加适用，孔子生活的时代动荡不安，安全都得不到保障，如果再"以德报怨"，任何人都能来欺负他，而不用担心被报复，他就更加无法生存了。

善良本身没有错，错在没有分清对象就一味要求自己善良。水流总是顺着阻力最小的方向运动，人性也是如此。如果自己都不站出来维护自己的利益，让牺牲自己利益的状况达到了稳态，那其他人就更不愿花力气去帮你修复了。习惯性地牺牲自己，不但换不来对方的感谢，还会被对方认为是理所应当的。

我们在自我学习的过程中，容易忽略的至关重要的部分就是"顺序"。试想，如果底层逻辑都不稳固，那么"空中楼阁"如何存在？动物不会以拼搏为耻，因为要是谦让生存资源，它就会死。植物间也会互相绞杀，养分少的那一棵就弱些。这就是自然法则。

天道如此，人道更复杂。如果制定规则的是狼，那么羊不主动送死，就是一种"不道德"。

被欺凌者默默承担忍耐，选择息事宁人也是因为自我设限：他太想做一个好人，也已习惯做好人。如果让欺凌者意识到，欺负自己会给他带来很大的麻烦，甚至这个麻烦是无法预计的，那么他肯定会三思而后行。所以在对方第一次试探的时候，你就要勇敢地回击，让他对冒犯你的代价有所顾虑。人都是有自控力的，有些存在家暴行为的人也能在自己的领导面前表现得毕恭毕敬，被欺负的往往是那个最老实的。

当人的社会地位达到一定等级，有了稳固的生存资源，学会自我保护的方法之后，当然可以去谦让、奉献。但是，在自己的处境还岌岌可危的时候，就自我牺牲、去奉献，那时谁受影响，谁会获利？

亲爱的女孩，请先斟满自己的杯子吧。你的善良要留给值得的人，你要解开思想枷锁，不断提升自身实力，注意自我保护，坚决维护自身合法合理的权益。要知道，想牺牲你的人绝不会因你懂事就心慈手软，他们只会因为畏惧付出的代价而收手。

从来如此，就是对的吗？

外婆常给自己和周边的人带来"麻烦"，原因就是她喜欢多管闲事，比如，那些别人都不管的逃家女人，她领回家；别人习以为常地打骂孩子，她总是冲上去。一九九几年的时候，有一次她回上海探亲，住在妹妹家，听到隔壁邻居在打孩子，孩子声嘶力竭地哭喊。在当时，这种状况非常常见，人们也并不觉得打骂孩子是什么大不了的事情，甚至觉得这是一种正常的教育手段。

她实在不放心，就去敲人家的门，劝那家人别打孩子了，但邻居根本不理她，反而打得更厉害了。后来还是常听到这家打孩子。外婆吃饭时向姨婆询问，姨婆说这家一直都这样，有次把小孩打得几乎背过气去了。外婆默默听了没说什么。

某天，姨婆怒气冲冲地给我妈打电话。原来，外婆跑到当地居委会反映邻居打孩子的事情，见居委会对此事非常敷衍，又跑到区里反映，结果邻居被找上门谈话了。邻居猜到是外婆在中间"挑事儿"，于是与姨婆家交恶，给姨婆家带来了麻烦。姨婆说："你说她管那些闲事干吗？她倒回家了，我们邻居关系怎么处呢？这家人特别难缠！"妈妈又能说什么呢？一个是自己姨妈，一个是自己亲妈，况且爸妈和舅舅都很反对外婆如此"管闲事"，认为这些都是出力不讨好的事情，容易被人误解，还会给全家带来麻烦。于是妈妈答应姨婆，找外婆好好谈谈，没想到外婆嘿嘿一笑，问："邻居后面还打小孩吗？"

妈妈无奈道："你到现在还在想这个啊？"然后又絮絮叨叨说了一些劝她别再管闲事之类的话。外婆完全听不进去，说："我到底是她姐，她气消了就没事了。什么'棍棒底下出孝子'，别来这套。为什么没一个人出来说呢？我真是不理解。只要能让他们对打孩子有一点忌惮，让我怎么跟妹妹赔礼都值！"外婆一句话把妈妈准备的所有说辞都堵回去了："你小时候可曾挨过打？**从来如此，就是对的吗？**"

这下轮到妈妈思考了……

又有一次，外婆在我家小住，厂区里，大家住的都是福利房，邻居大多都彼此认识，我家在 5 楼，同学 R 家在前面楼栋的一层。R 的妈妈去世了，和父亲一起生活，他成绩不好，但画画非常有天分。

一个休息日，爸妈出门了，我和外婆在家里，突然听到楼下传来喧闹声，还伴有尖利的嚎叫声。我们赶快跑出去看，我一眼就看到 R 背对着众人，全身衣服都被剥光，正用手死死拉着大门遮挡。他的父亲则在后面一只手把他往外拉，另一只手举起木棒一下一下抽在他背上。周围都是看热闹的人。R 父亲在大吼，声声刺耳：

"你考这么差，对得起你妈吗？"

"让大家看看你是什么样的，还晓得羞吗？"

"看小人书，玩物丧志啊！"

"还画画，考那么差还画画！"

只见 R 省吃俭用买的漫画书、临摹的画稿与期末成绩单一起被撕成碎片散落一地。外婆灵巧地穿过人群，举起自己的外套，一把盖住了 R 的下半身。不巧的是，棍子一下打在她的手臂上，严重骨质疏松的她被打成了骨折。

看，她又是因为"管闲事"，给自己和家人惹了麻烦。爸妈已经不知道怎么说她了，除了叹气，终究什么也没说。当时是个夏天，打着石膏绷带非常难受，可外婆对自己的遭遇并不在意，只是在家愤愤不平地说了好几次："什么年代了，还弄游街示众那一套！说什么为孩子好，考试考不好可以跟孩子好好谈谈啊，不讲道理！不会教育！这么大的孩子，以后让他怎么见人？有些家长，不过是想要个奴隶！"

外婆有一次生气起来又想冲上R家，被爸妈拦住了，因为她已经骨折了，而对方父亲脾气暴躁，实在不敢让外婆再上门。外婆说："有些家长把家当作自己的王国，他是唯一的皇帝，要用最小的投入收获最大的回报，还要在大家面前扮伟大。哦，闹这么大，不过就是想让大家都来看看他这个父亲多'称职'，获得别人的关注和安慰，自我感动罢了。"

后来，R跑出了家门，音讯全无。我再也没听任何人提起过，仿佛他本就是个从未存在过的人。

外婆似乎总是为孩子说话，我原本觉得她这样做总是无奈又无用的。孩子是家庭系统中最弱小的一个，为了生存，他们必须依附于父母，直到今天，打骂孩子依然被很多人认为"家务事""父母正常管教""天下无不是的父母"，孩子必须无条件忍耐这一切。有的父母并不想听到孩子的声音，只想表达自己的意志，他们会用最直接的语言否定孩子，用高高在上的姿态教育孩子。在打压式教育的背后，是隐秘的家庭规则："孩子必须服从家长""优秀的孩子才值得被爱，做不好就不应该存在"。

父母认为打压教育可以防止孩子骄傲，实际上这会摧毁孩子的自信，造成孩子低配得感，不敢快乐，不敢尝试，且苛求完美。孩子一旦遇到问题，就会全部归结于"我很差劲"，而不是"这件事的处理方法可以更完善"。

在与我们爱的人相处时，永远不要用"我 VS 你的问题"的思考方式，因为这里隐藏着不平等，评价是上位者对下位者的特权，当我们这样思考时，无形中会把自己放在评价者的角度，会使用指责的语气和态度。没有人喜欢被评价、指责，这样会将我们所爱之人推开，反而增加了解决问题的难度。

而采用"我们 VS 问题"角度思考的人，则会把精力集中于问题本身，使得彼此成为紧密相连的战友。这时我们说出的话才会更容易被对方接受，使问题更容易被解决，而且成功的经验将带来愉快的体验，帮助我们提升自信。

我收到过很多的留言和私信，网友们与我分享了很多自己成年前的经历，有些甚至比 R 的遭遇更加可怕。从这些分享来看，孩子的很多痛苦来自他们还没有形成稳固的自我认知，孩子天然是爱父母的，他们不能怀疑父母的爱，这是他们世界的基础。有时候即使遭遇了糟糕的对待，他们也不愿去怨恨父母，只能自我攻击。创伤和自我攻击交织的孩子又怎能阳光和自信？往往是怯懦畏缩的。这时又要被父母挑剔："为什么不如别人家的孩子落落大方？你为人处世怎么那么差？"

在痛苦、迷茫，无法辨别方向，找不到出路的时候，倘若有一个如外婆那样的人出现，对这个孩子来说，那也许就像一束光照进黑暗中，给他带来希望与温暖，让他开始有勇气去想："从来如此，就是对的吗？"

很多读者留言提到，自己成年后希望能跟父母讨论这些创伤，可惜得到的回应绝大多数都是："不记得了，你怎么就记得这些？我养大你的恩情呢？"有的甚至开始进行新一轮"你是个白眼狼"的指责。原因有以下几点：

第一，父母大多认知有限，他们所拥有的知识和经验已经不足以解决你的问题，他们只觉得你在控诉和讨债，他们认为无论什么创伤，都应该在生养的恩情下消失。

第二，他们的低能量不足以接纳你的创伤。很多父母终其一生都在竭力应对生存挑战。理解、爱和金钱一样，也是能量，且是非常奢侈的能量。一般的家庭中，如果孩子了解父母的经济状况，大多不会提出非分要求，因为他知道那是不可能的。同样，如果他们精神贫瘠，无论你如何提要求，你需要的精神支持他们都给不了。

第三，就像溺水的人会拼命抓住能够到的任何东西，精神贫瘠的人往往会更迫切地需要把自己对人生的失望和痛苦、社会或周围人给他的压力转移出去，于是便落到孩子身上，以获取更多精神养分。父母无暇顾及你的幸福，因为他们自己获得的幸福都很少，甚至都不知道幸福到底是什么样的，更不要提如何去获得了。不要期待一个没见过西瓜的人告诉你如何种出好西瓜，那对对方来说也是不公平的。

中学时的一天，外婆在我家，忘记了因什么小事爸妈又喋喋不休地说我，我躲进房间。外婆悄悄跟我进了房间，锁上门。爸妈在门外大喊："多大了还不懂事，我们还不是为了你好，我怎么不去说别人家孩子？"外婆用很小的声音说："我现在可以帮你，但等我回自己家之后，他们依然会这样。很快你就会离开这里，但在这之前，你必须忍耐。你经济不独立，是很难得到尊重的。"

请尽力去经营自己，努力逃离，尽量成长，好好读书，学

你不必是一朵花

一门手艺。**抓住一切机会，从低能量的沼泽中逃离**。只有跳出来，你才会发现，原来习以为常的东西是有问题的。不要沉浸在过去那些无力的回忆中，更不要被仇恨侵蚀，那会毒害你的成长。把握当下和未来，这才是你可以改变的部分。当你远离能量黑洞，成为经济精神都独立的人时，你才有实力和父母发展新的相处模式，才会被重视、被听见。

也许成年后的我们无法改变童年经历，但可以给自己一些抚慰和鼓励，对自己说"这不是你的错"。当我们有了自己的孩子时，我们可以拒绝成为曾经的父母，不让自己走上熟悉却可怕的路，将这些家庭教育中的创伤终结在我们这一代。你有权利也有能力拒绝成为他们那样的人。

隐形精神控制

有一次我和外婆出去吃饭，听到隔壁桌客人教育孩子。因为饭店很安静，所以他们说的话我们听得非常清楚。父亲让孩子自己决定买鞋还是玩具熊，只能选一样，孩子选了玩具熊。父亲痛心地说："你真自私！这个选择让我很难受，你鞋旧了，我们不给换新的，其他人怎么看你爸妈？"

小孩："可是，是你让我选的。"

父亲："让你选是我们作为父母的好意，别人家父母才不会问你意见呢，你不懂感恩，还怪我。"

母亲正要说话，父亲让她"滚一边去！"然后又对小孩说："你毫不犹豫地选了玩具熊，你怎么不想想我们养你花了多少钱，鞋子坏了怎么办？"

孩子只能默默流泪。

父亲："就知道哭！我又没打骂你，就是心平气和地和你讨论，你就这态度！"

我感到不平，刚想站起来，外婆按住我，摇摇头。我感觉奇怪，因为外婆之前看别人打孩子都是冲上去的，这次却一言不发地回家了。后来，她难过地说："这种伤害太隐蔽了，就算你录音了，大部分人都会觉得没什么，连他妈妈都没办法，你能做什么呢？"

外婆非常讨厌别人替孩子说话，她跟孩子聊天时一定让孩子自己说，有的孩子很有主见，也会说"我不要跟你们大人说"。她非常鼓励孩子表达自己的观点，这是非常睿智的。很多家长会先允许孩子说真话、心里话，当孩子真的说出心里话之后，如果不如他们的意，他们就会跳出来横加指责，甚至会把这件事记下来告诉外人，或者在未来反反复复拿出来当作指责孩子的佐证和例子。人与人之间的信任是脆弱的，当这种情形发生过之后，孩子就不再敢跟家长说心里话了，家长也就无从知道孩子在想什么，这可能是一种危险的信号。孩子会转而信任家庭外部的人，如果有家庭外部的人接近孩子的动机不是善意的，孩子就会陷入极其不利的处境。

如果孩子在成长过程中总是被家长否定，就会认同父母，觉得真的是自己有问题、糟糕、有罪，自己怎么做都是错的。在外婆去世之后，我又遇到过一次类似的情况，那位母亲看似给孩子选择的权利，但当孩子选的不是她心目中的那个选项时，又抱怨或嘲讽孩子。我实在看不过去，上去说不应该这样对孩子，既然给了孩子选择的权利，那么他无论选哪个都应该尊重孩子的意愿。没想到那孩子直接跳出来说："不许你这么说我妈妈，我妈妈都是为了我好！"我只能目瞪口呆地看着这个母亲洋洋得意地带着孩子离开。

后来我明白，这个孩子可能已经完全认同了母亲。孩子在这样的处境中为了生存，只能放弃自己的想法，凡事按照父母的意愿行事。他们不被允许有自己的想法，心理能量被父母所掠夺，头脑中都是父母意志的延伸。哪怕是在他们成年后，甚至父母已经离世，这个内在的父母也会永远伴随他们，很难抹除。他们时时刻刻处于被挑剔、被指责的恐惧中，无法自己做出决定，遇到挫折时会不断地自我攻击。这样活着可能比死去还要痛苦。

当孩子成年以后，父母的见识可能落后于时代，逐渐无法指导他们，甚至指导起到反作用，进而影响孩子的发展。由于没有独立思考能力，他们容易成为被他人欺骗和利用的对象。

你要警惕这样的人：

给你贴标签：丑、自私、怂，等等，而抹杀你的优点；

针对你的一点小错甚至不算错的问题挑剔，还进行放大，特别是道德上的错误；

话里隐含对你的指责，比如你给他造成了迷惑、困扰、痛苦、麻烦等，让你愧疚并觉得自己糟糕；

他会伪装成为你好，在帮你，如果有人想厘清其中的逻辑，就会被他粗暴制止。他可能根本不是为了弄清问题本身，帮你吸取教训，只是为打击你，让你更听话，更符合他的意志。

只要对方的话或行为让你感到不舒服，就照这几点想一下，他是不是故意的。即使暂时无法离开此人，也不要自证。质疑、评判是自上对下的，自证是自下对上的行为，一旦自证，就会落入支配地位的陷阱。越自证，你的心理地位就越低，越易被控制！即使这个人是你的亲人，也请一定要在心里告诉自己：他是不对的。抓紧发展自己，等有能力了就利用考学、工作等方法逃离。如果是其他社会关系的人，请立刻远离，别浪费时间，这种人自己不阳光，是个情绪垃圾站。别想着拯救对方，特别在婚恋关系中，不但救不了，还可能被拖下水。能跑就跑，越远越好。如果已经造成了心理创伤，一定要去医院心理门诊或精神科求助治疗。

家庭教育中，言传和身教是并重的。家长希望孩子怎样，自己也应该同样要求自己。当承诺可以被随意打破时，生活就没有规则可言，混乱会淹没所有人。有的家长一边苦恼如何教育孩子，一边纵容自己成为反面教材。当无法从家庭获得如何建立个人边界的经验时，孩子会将"为你好"下的不合理都理解成"爱"，长大后将面对无穷烦恼，无法维护自己的利益。

外婆从不说"我是为你好"。她说："我总要先走的。为你做的一切，都是为了能更放心地离开。"

你不必是一朵花

这世上没有任何人和你的利益完全一致

大学时，一次闲聊，英语老师偶然说起，她留学时爱上一个外国人，已经谈及婚嫁，却遭到她父母的坚决反对，理由是他们不习惯晚年在国外过，要求女儿必须回国给他们养老，最后两人只得分手。此事过后，她心灰意冷，回国后一直不结婚。父母又以死相逼，让她很烦恼。

跟外婆聊起这件事，她突然认真起来：

"这确实是很重要的道理，我一直在想怎么跟你说。虽然有点残酷，但可能越早清楚越好。

"我是你亲外婆，我是爱你的，但人是复杂的。其实我也希望你不要去外地读书、工作，因为当我老了，身边多个孩子，我的保障就大一些，这是为了我自己。我也会担心，你在外地人生地不熟，亲人不在身边受欺负，这是站在你的角度上考虑。如果你想去外地，可能会吃苦，也可能会被我埋怨。但如果你留在这边，可能会错过更好的机会。无论怎么选，都应该是你自己思考的结果，也要你自己去承担代价。千万不要把选择权交给别人，否则，一不如意，就把责任推给其他人——'都是你让我怎样的'，这会让你变得软弱。

"在这个世界上，没有任何一个人和你的利益是完全一致的。就算是父母，也做不到全心全意。因此，任何人的话都要想一想，他们能从这个结果中获得什么，你能获得什么，权衡一下你更看重什么，再做出自己的决定。以后无论出现什么情况，都能说'这是我自己的选择，无论结果如何，我都接受'。

"自己的路，要自己选。"

要求别人无私实质上就是一种自私，不应要求他人成为圣人，那是不合理的；也不应要求自己全然无私，那样会陷入痛苦内耗。在我们的成长过程中，常把圣人的标准当成一种理所应当，这会造成很多问题。人生好像攀岩，有时候拼尽全力尚且只能艰难保持在原地不下滑，对自己的道德标准要求过高，过于心软善良，就像在心上安了一个抓手，道德绑架、无端指

你不必是一朵花

责更容易勾住你，把你拖入深渊，使你的负担越来越重，非常辛苦，人生难度飙升。每个人都需要在自己和其他人的利益中求同存异、博弈平衡，提出自己的要求，也接受商量和调和。对于别人的要求，要思考一下，拒绝还是接受，底线在哪里。付出，问心无愧；拒绝，大方坦荡。不绑架他人，也不被他人绑架。

当你能心平气和地接受这一点的时候，你对别人的索求就会变少，自然也不容易对他们感到失望，你会用更宽容的眼光来看待他们，这样你也会轻松很多。

人生是你的，选择是你的，最后买单的也只有你。

不要做不求回报的女人

中学的时候，我跟外婆一起看青春偶像剧，女主角百般付出，甚至帮自己爱的男主追求其他人，反复说"爱一个人就是让他快乐，爱是不求回报的"。结局是，女主终于感动男主，与他在一起了。外婆非常生气，气到关掉电视。

我当时已经知道电视剧都是编出来的，因此觉得她这么认真很可爱，就跟她开玩笑，说她"替古人担心"。外婆还沉浸在难过中，说："我当然知道电视剧是编的，但看这种电视剧的大多都是涉世未深的小姑娘，这种情节要误导多少女孩子啊！"

外婆接着说："电视剧也好，电影也好，都会潜移默化地

你不必是一朵花

影响观众。这个电视剧这么火，大家就会觉得它宣传的观点是对的，应该照着学。但它宣传的是啥？

"帮喜欢的人去追求其他人？对方因此感动了就跟你在一起，意识到你才是最爱他的人？这是感动，根本不是爱。爱就是要表现自己，互相吸引，而彼此也会因为爱成为更好的人。如果对方不喜欢自己，也不要停下变优秀的脚步，说一声珍重，开始人生的下一个阶段。

"因为爱就要丧失自我？因为爱就要扭曲自己的内心？爱就是独占的、自私的，这才是人性。宣传这样违背人性的价值观太不可取了。你可知道子贡赎人的故事？虽然高尚，却无形中把道德评价标准提到难以企及的高度，反而可能造成不好的影响。

"最重要的是，你要记住，没有什么付出是不求回报的，即便是父母之爱。我说的回报，不单单指钱，情绪价值、照顾等都是回报，而且还是很重要的回报。"

我后来也经历了很多事情，越来越觉得外婆说的话字字句句都非常有道理。公平是人类本能的追求，也是确立社会秩序的关键。如果觉得别人不该要回报，你就会变成一个没人愿意交往的人；觉得自己不该要回报，你就会变成一个可以被随意践踏的人。

既要付出，也要得到，循环才能维持。

要求一方单方面付出，损不足以奉有余，不能长久。她跟我们讲过孔融让梨的故事，角度却是："真心谦让是美好的，怕的是父母用谦让来道德绑架孩子强迫让，如果是故意教育小孩把自己喜欢的东西给别人来换取好名声就更可怕了，人首先要对自己真诚，才能对其他人真诚。"

即便是孔圣人，也会因怀疑徒弟侍奉自己的时候偷吃饭而不快。向寻常百姓，尤其是不谙世事的小姑娘宣传"无论对方怎么对自己，都不求回报"的观念，将这种圣人都难以达到的道德标准放在普通人身上，会破坏公理和规则。女人总是喜欢从自己身上找原因，觉得达不到这种道德标准是自己的问题，甚至因此觉得自己不好。

要求自己不求回报的人，往往会过得很辛苦。说不求回报，往往是因为自己没有信心去要求回报，或不知道自己想要的回报到底是什么。

孟子曰："人皆有不忍人之心。今人乍见孺子将入于井，皆有怵惕恻隐之心。"翻译过来是说："人人都有同情心。现在忽然看见一个小孩子将要掉到井里去了，每个人都会产生惊骇同情的心情。"如果你仔细想想，如果一个人自己都觉得活着没有希望，很痛苦，那么其他人是死是活，他可能也没那么关心了，甚至还会觉得小孩子掉进井里反倒是解脱。一个人如果连自己都不爱，又怎么可能去爱别人？一个人只有尊重自己，才可能真正懂得尊重他人。

人首先要自爱。在人际交往中，我们当然可以付出，但一定要明白付出的目的是什么。为了感动对方，就将决定权放在别人手上，这样他可以爱你，也可以不爱你。为了感动自己，显得自己伟大，靠自我牺牲来占领道德制高点的人是拧巴的，与其交往的人往往要受到他们居高临下的指点和挑剔，也会很难受。

第
2
章

自我保护，无须羞愧

别被"无私、体面"绑架

外婆当年拒绝了好些家境优渥的追求者，毅然追随外公从繁华的上海来到外地。刚结婚的时候，她尚有嫁妆可以变卖，虽然生活艰苦一些，但基本的生活还是可以保障的。后来因为时代影响，生活逐渐变得困难，她病倒了，险些丧命。一次她看完病在门口走不动，听见屋里的医生议论："刚刚那位活不到 40 岁。"她心中一惊，想了很多。此时外婆以前帮过的一位农场女工提供了重要消息：凭借单位和医院开的工作、病历等证明，可以定期在农场买到牛奶。

妈妈和舅舅那时在上单位幼儿园，幼儿园提供三餐，舅舅因为年幼抢不过别的孩子，常常饿肚子，妈妈有一次实在没办法，因为舅舅哭得太厉害了，她就把自己的头发剪下来放在暖炉上烤，然后拿给舅舅吃。每次外婆喝牛奶的时候，舅舅会眼巴巴地在一边看着，直到妈妈拉起他往门外走，说："别看了，我们去外面玩。"外婆只是背对着门口，把所有的牛奶都喝下去，把涮瓶子的水都喝掉，也没有跟他们分享。

这件事在之后的几十年间被反反复复戏谑提起，甚至被家里人编成了段子，以此说服孙辈们牛奶是多么珍贵，要多喝。外婆总是笑呵呵的，像在说别人的故事，特意描述自己是转过身"含悲忍泪喝下去的"。众人一阵哄笑，屋里都是快乐的空气。

她再未辩解。

在那时那刻，外婆权衡利弊，已经做了最好的决策。没人知道未来的情况是怎样的，用此刻的已知去看待过去的决策，是非常荒谬的。当时外公的一个妹妹已经毕业参加工作，外公也得到晋升，外公帮扶原生家庭的负担逐渐减轻，加之他长得英俊，如果外婆真的去世，就可能会有新人进门，那么外婆怀孕生产还要工作养家，苦苦支撑家庭又供养外公的父母、妹妹这一系列努力都将付之东流。她的老公将成为别人的老公，她的孩子将成为别人的孩子。后妈会怎样对待这两个孩子？如果

你不必是一朵花

后妈有了自己的孩子呢？当年物质资源极度匮乏，自己的孩子会遭遇怎样的命运？这是她不敢想的。

正因她对人性洞察至臻，对俗世了解入微，她的这个决定才如此决绝又让一般人无法理解。就算要背负自私的误解，她也要保住自己的命。把牛奶让给孩子，能让多少次？把救命物资让给孩子，自己病重不治，确实能体现自己的无私与伟大，孩子幼年就没有母亲会遭遇什么，孩子懂事之后又是怎样的心情，会不会背负一辈子内心的重担？把救命物资让给孩子，就算活下来了，自己会不会就因此对孩子的感受不同，毕竟"你当初喝的可是我省下用来救命的牛奶"。

外婆说："如果家长苛待甚至牺牲自己，就会不自觉对孩子要求过多，期待更多精神回报。这对孩子来说是不公平的，因为他们没得选，也许他们并不希望家长这样做呢？人们总是习惯高估眼前，低估未来，这就是人性。坐飞机的时候，我们都知道要先戴上自己的氧气面罩再给别人戴，如果我当初让出牛奶，可能这个家就不存在了。爱别人，必须先爱你自己，否则，就无法守护那些你爱的人。"

"只有我有一条命在，才能守住家。"她坚定地说。

爱从来不是掠夺，在虚弱时，你应该抓紧时间经营自己，不要往外耗散你的能量。一棵幼苗刚长出来的时候，压上重担，它即刻折断，然而当它长大、强壮时，当初的重担早就不值一提。真正值得爱的人会希望你能够健康、快乐地活着，而不会希望你通过自我牺牲来照顾他们，也不介意等待你疗愈、成长，强大后你自然有更大的力量去回报。爱从来不是掠夺，靠掠夺得到的是心灵的毒药。如果他们急于竭泽而渔，那他们根本不值得你如此耗竭自己去付出，不用自责，不要强行把自己的道德水准拔高到常人难以企及的位置。**首先要保证自己的生存，这不是自私，这就是自然的法则**。

我小时候有次跟外婆搭乘公交，遇到一个外表非常凶狠强壮的老人，这个人质疑外婆的年龄，非要强迫她让座，全车人只是看着，没人出声。外婆开始不予理会，可那人甚至已经伸出手拉扯推搡，于是她笑眯眯地说："不好意思啊，我怀孕了！"对方一下惊呆了，瞬间泄气，全车人转而都注视着外婆，但她毫不在意。

回家后，我大惑不解："你为什么不直接拿出老年证来证明你有 60 岁？"外婆不慌不忙地反问我："你觉得，那么多座位，为什么他非让我让，刚才车上就有个男的坐在老弱病残孕专座上，为什么不让他让？"

我思考了一下，小声地说："因为他不敢让那人让，那人看起来很强壮，不好惹的样子。"

外婆接着说："就是因为我看起来好欺负，对方才向我发难。这时不要被对方牵着鼻子去证明自己，因为他的目的是占我的位置，那么我不管拿出什么证据，他都可以说他比你更老，也可以说我的证件是假的，照片不像、是我冒用他人的，他有太多理论可以反驳我了。你是不是指望有人站出来帮我？当时你也看到了，大家都只是看看，没人帮我，那我就等着被欺负吗？如果被欺负，我肯定会难过，与其先被欺负，再花时间和精力去难过，我为什么不想想办法呢？自己的利益自己都不试着想办法去维护，谁都不可能帮你一辈子。

"有些事情确实有法律和规则约束，但是法律不能立刻帮你，都是事后才去追究，那时我们已经被伤害了啊。所以，在伤害发生之前，我们自己能解决的事情一定要试着自己解决，这样你才会有保护自己的习惯，脑子也会越用越灵活，方法越来越多。一个人要是总以软弱示人，就容易被人欺负，越被人欺负，你就越不会尊重自己。

例如，让座这件事，如果给他让座无所谓，我就让给他。

但是今天我不舒服，很需要坐一会，让了会难受，回家后可能会反复想这件事，而对方舒服地坐了一路。这种结果好吗？因为我们看起来弱小就要忍受被人欺负吗？这种做法其实是建立了一个更不公平的规则。"

说完，外婆跑到厨房拿来一个铝锅，对我说："这个锅代表这个世界。"她手上拿着葫芦瓢不停往里面倒水，接着说："水是那些人的空间，空气是你的空间，总空间有限，他们的空间越多，你的空间就越少。所以，你不能轻易让出空间，你要学会保护自己的空间！"

她拿了一支彩笔，在锅壁画上一条线说："线外不计较，线内不能让，学校里老师教你谦让，是为了让你在自愿的前提下与他人分享，而不是为了让你无底线去忍让，如果被欺负了也不说出来，不保护自己，不维护自己的利益，那就是傻瓜。"

我好像明白了些什么，接着问："我怎么知道这条线在哪呢？"

外婆笑着说："你现在可以来问我，以后你自己就知道了。守护底线，是最重要的。"

我突然灵光一闪，说："那我什么都不干，然后到水里生活呢？"

印象中，外婆此时有点恼怒了，她轻轻地把我的头埋进水里，让我体验憋气，一会儿我就受不了了。我不明白外婆为什么这么做。她的表情突然变得很严肃，大声说：

"他们的生活就是这种感觉！"

"你要记住，你和他们，永远都不会是一类人！"

有一次我住在酒店，深夜隔壁房间的客人喝醉了打电话，大喊大叫，又踢又跳。一个女服务员礼貌地敲门劝阻，门打开了，一个杯子摔了出来，里面叫嚷声更大了。

当站在女服务员身后的强壮保安出现，大声呵斥时，对方立刻软了下来，房间重归安静。看到此情景，我想了很多：为什么女服务员苦口婆心的劝阻得到了变本加厉的结果，而保安只用一句怒吼就平息了一切？看来，醉酒的人也知道"欺软怕硬"——这几乎是生物的本能。

日常生活是非常细碎的，有很多规则甚至法律无法覆盖的地方，而有些人就是擅长利用自己的优势来挤占甚至霸占其他人的空间。有时候，女性保护自己，维护自己的正当权利，不忍让，也会被认为"不体面"。

将客观差异带来的问题归咎于个人是不公平的。在一个处处需要竞争抢夺资源的环境中，不体面的从来不是千方百计寻求公平的个体。有人坐在宽敞的宝马车中，对那些挤在公交车前的人说："这些人为了一个位置就这样去争，多不体面。"说这话的人豪华座位 24 小时恭候，无法体会一天辛劳之后，能够在车上有个座位的重要性。这是一种何不食肉糜的残忍。更有甚者会用"不体面"来要求你慷他人之慨，忍让大度。有时候别人让你善良大度一点，往往是因为你已经是被选中的那个牺牲品，这只是为了堵你的嘴，投向你思想的武器，千万要清醒。

你不必是一朵花

识别在你身边伪装的小人

室友 M 在查出脂肪肝后，历尽千辛万苦，一年减重 50 斤。一天，她妹妹非常气愤地告诉我，M 后来交的好友总在她想少吃和运动时怂恿她——"你已经很漂亮了，吃吧""你只有美食这一个爱好，放弃还有啥乐趣"……这位好友却绝不多吃，偷偷锻炼，身材保持得很好。结果，M 复胖超 50 斤，各种疾病又回来了。这个朋友还总喜欢在相亲时拉 M 做衬托。因为与室友朝夕相处，我明白 M 为减肥吃了多少苦。现在各项身体问题又出现了，M 能不急吗？

为何她当初能够管住自己，一口都不多吃，如今又如此放纵？人还是那个人，但环境变了，可见环境会潜移默化影响人。

我们常常陷入这样的认知误区：减肥不成功，一定是自己没毅力；出现心理问题，是自己不坚强；学习成绩不好，是自己不努力。仿佛不能靠一己之力克服所有困难，就是自己无能。这其实是对客观局限的漠视，是一种狂妄。孟子是旷世大儒，为了教育好孟子，孟母尚且要三迁家门，否则孟子可能就成了杀猪匠。

外婆曾说：**"不是所有朋友都希望你好。为你好的人会为你做长远考量，而有的人伪装得善解人意，实则步步捧杀。君子择善而交，选择朋友是非常重要的。"**

外婆是这么说的，也是这样做的，她身上有一种源于本能和直觉的机警，这也是她性格大大咧咧却在近一个世纪的人生中都没有栽跟头的重要原因。能够进入外婆交心朋友圈的人只是极少数，她广交朋友，但对于真心朋友的结交非常谨慎。有时候我发现，她跟别人聊得十分热络，但交流的都是些无关紧要的事情，她真正的想法从不会轻易示人。

她的很多朋友都较为独立，但杨阿姨是个例外。她和外婆认识之后，每天就像黏在外婆身上，外婆中午一睁眼（她中午才起床），杨阿姨已在门口等着了，外婆干什么她就干什么，到深夜才回自己家。有天外婆悄悄对我说："这个小杨不简单。"

为什么呢？

外婆的老闺密团每天无非都聊些家庭琐事，杨阿姨总劝其他人大度，吃亏是福，说她自己就乐于奉献，看得很开之类。

没几个月，杨阿姨不来了。问起，外婆哈哈大笑，解释起来。

她和闺密们起的戏曲社从首都请来一位有名的京剧演员指点她们唱戏，每次乘飞机来回，价格不菲，大家总是平摊费用。但有一次清点后，社里发现少了一个人的费用，每个人都说自己交了。杨阿姨漫不经心地说了一句："好像张老师（外婆）总是丢三落四的。"

于是，所有人都开始怀疑是外婆没交，因为她确实上课总是忘这忘那的。没想到，外婆从小坤包里缓缓掏出一张收据，缴款人、金额、日期写得清清楚楚。社里的工作人员突然想起，当天外婆和杨阿姨一起来的，便让她也拿出收据。

"从来都是把钱往外面撒"的杨阿姨这时却拿不出来。

几日后，杨阿姨"自愿"退社了。

没几年，听大院里的其他人说，杨阿姨离婚了，跟老公撕得昏天黑地，完全不像当初她劝其他人那样体面，更奇怪的是，居然没有一个朋友亲人出来支持她。

外婆这时慢悠悠地又说："害人之心不可有，防人之心不可无，小事可以糊涂，识人不能马虎。劝你大度的人往往不是真为你好。为你好的人听你受了委屈，气都气死了，会跟你一起难过，一起想办法解决问题，什么都劝人忍，要律师和警察干什么？很多事不是忍耐大度能解决的，越忍越坏事。有的人劝你大度谦让，是因为你最好拿捏，其他人他都惹不起，怕你厉害起来，他们就占不了便宜了。刻意无视他人的痛苦，而标榜自己道德高尚的人，一旦涉及自己的利益，跳脚比谁都高。真正做好事的人不会到处宣传，因为他们往往觉得这不值一提。越缺什么，越炫耀什么。要警惕只会劝你大度的人。"

在我小的时候，外婆曾跟我讲过一个故事，大意如下：从前有个大草原，住着一只狮子和一群羊。羊生而为羊，有只羊小甲对此很不满，觉得不公平，为什么自己生下来不是狮子？它每天都把别的羊用来吃草和练习奔跑的时间用来抱怨。很快它就被狮子追上，吃掉了。

狮子可以懒散，羊则必须时刻警惕，把所有的时间都用

你不必是一朵花

来成长，才能保证生存，而只有生存下来，才有希望。

羊小乙知道自己跑不动，就劝其他羊："别跑啦，大家天天跑，不累吗？这狮子懒洋洋的，跑不动的，我们很安全，不如我们都不跑了，不是更轻松？"有些羊真的就相信了，也不跑了。可狮子该休息时休息，该跑的时候跑得飞快。"躺平"的羊多了，这只本来就跑不动的羊混在其中，被吃掉的概率就小了很多。可怜那些本来身体很好，可以逃掉的羊，就这样被吃掉了。

更可怕的是，羊群里还有一只羊小丙，它跟狮子约定好，狮子不会吃它，它负责在羊群里让其他羊放松，不要跑，让狮子更容易捉住羊。

羊小丁听了它们的话，在心里默默说："信你我就完了。"

外婆最后总结说："咱们可比羊幸运多了，起码有基本的生存保障，但社会有时候还是像个丛林，你要学会保护自己，辨别外界的蛊惑和诱惑，清楚你要做什么，心无旁骛地坚持下去。比如，学生的天职是学习，就要认真学习，好好锻炼身体，以后才能实现自己的目标。

读初中的时候，班里有个同学喜欢上课睡觉，放学总劝几个成绩好的同学跟他一起玩，总是跟大家说："这个很简单的，你看我不听课都考这么多分，你肯定也没问题的。"那些他所谓的"朋友"（其中就包括我）信了他的话，也开始松懈，上课随便听听，放学出去玩，晚上也不看书，考得一塌糊涂，他的成绩却一直很好。这种风气影响了课堂纪律，当年的班主任是从师范学校毕业刚入职的，第一次带班，心急如焚，特意深夜骑车到该生楼下查看，发现他房间的灯一直不熄灭，原来他在挑灯夜战，怪不得白天昏昏欲睡。班主任找到他的父母沟通时，他父母说出了更让人惊讶的事情，他会骑车到另一个成绩比他更好的人楼下，看别人熄灯睡觉了，自己才回家睡觉。

班主任立刻召开了班会，让大家不要相信"不听课不学习也能考得好"的谎言，并让该生在班会上说明自己夜里偷偷学习的事情。我将这个事情当作奇闻告诉外婆，外婆听完后，说了表弟的故事。

表弟小学时有一好友家世显赫，学习不认真，常喊表弟出去玩，但表弟只有写完作业时才答应出去。她觉得很有意思，就问表弟，为什么不跟好朋友出去玩？表弟答："我傻吗？他不学习以后一样有好出路，我不读书以后能干啥？"

如今，你身边那些鼓吹"躺平"的人，很可能就是羊甲、

你不必是一朵花

乙、丙。公平的本质从来不是"平均"，一个完全平均分配，干多干少、干好干坏收获一样的环境，是很难有发展的，反而会损伤大家的工作积极性。很多人自己不想努力，却又恨人有笑人无，美化自己的懒惰，不愿意正视一分耕耘、一分收获的结果。他们宁愿把时间和精力花在欺骗他人、劝他人躺平上，这样就不会显得自己很差。不得不说，这样的策略很多时候都能奏效。

人都是渴望上进、追求卓越的，这是我们的本能，但另一方面，由于人类在进化过程中长期处于生存困境，需要节约能量，我们也会懒惰，这两者之间存在天然的矛盾，这也是为什么很多人会在"躺"和"卷"之间循环往复做"仰卧起坐"。堕落需过自己的良心关。周围有这样的"朋友"劝导，自己可以为堕落找到借口，免于自责。

小人往往乘着人性的弱点而来。人性的弱点如引力般强大，自律则往往是反人性的，因为向上突破从来都不容易。我们当然可以与小人为伴，去浪费时间，胡乱花钱，作践身体，做一切想做的事，但这些行为的唯一责任人，是自己；糟蹋的不是别人，是自己；人生的最终承担者，也是自己。意识不到这一点的人，无法为自己负责。你才是自己的主人，任何人都无法帮你承担自己的人生，有毒的土壤无法长出参天大树，我们要谨慎选择朋友，尽量靠近那些积极阳光的环境，这也为我们的成长提供助力，活得更加轻松一些。

一只螃蟹很容易爬出盆，但如果有一盆螃蟹，哪一只爬得高一些，就会被下面的螃蟹拉下来，反而都跑不出去。如果我们不幸陷入了这种内部消耗的环境，最好能够抓住一切机会逃出来，而不是将环境对自己的负面影响都解读为"我不够好，如果我能力更强，就一定可以克服"的自我攻击，因为这必然消耗大量心理能量，人会非常疲惫，以致没有力量改变自己，结果很可能就是被同化，也开始躺平，甚至开始把那些站得高的同伴拉下来。

如果一时间没办法脱离这个环境，也要认真想清楚自己的目标，在心中建起一堵墙，抵御外界环境的影响，不要太在意其他人的话语和行为，尽量专注于自己的事情，等待机会，不断成长。

其实，有时候我们的身体感觉是非常敏锐的，你有没有过这样的体验，老觉得某个人不对劲，相处起来不舒服？这时，我们需要提高警惕，可能我们的大脑感知到某些不合理的讯号，但是又还无法整合成完整的逻辑信息输出，不要大

你不必是一朵花

意，尽量避免去那些让你感到奇怪的地方，远离那些让你不舒服的人。小心驶得万年船，我们永远是自身健康、安全的第一责任人。

安全问题：为什么一定要做坏的预设

中学时，我因病入院，出院后谨遵医嘱不再跑步。我生病时做过心电图检查，出现过窦性心律不齐，医生说这种病在青少年中很常见，并不严重，当兵都不影响。体育课上，同学 C 以得此病为理由，总和我一起拿出假条。我心下疑惑她的请假理由，而且我知道 C 家境富裕，拿的却是小医院的医嘱。

C 长得很清秀，总是一副弱不禁风样子。她到处说自己身体不好，以此得到男生们的同情和帮助。我与年级第一的女孩 W 是邻桌，W 和 C 的外形身高相似，也常有人认错她俩。C 常黏着 W 一同吃饭喝水，极谄媚的样子，让我感觉很不舒服，总觉得哪里不对劲，却又说不上来。回家的时候，曾和爸妈说

你不必是一朵花

起这些，却引来他们一连串的说教："要合群，你太敏感了！你怎么这么小心眼，要团结同学，不要天天瞎想，你就是想的太多了……"

好在那时候爸妈给我配了一个"小灵通"手机，方便知道我下晚自习的时间，于是我中午偷偷溜出去给外婆打了个电话。外婆认真听完后，对我说："病因不合理，不积极对症治疗，只把自己弱天天挂在嘴上，她很可能是有问题的。一定要相信自己的直觉。如果总感觉不对，就不要强迫自己接受，十有八九这件事就是有问题。世界上很多事本就是不理性、想不清楚的。"

于是我坚定了自己的想法。每次体育课我都借故不去，避免与她坐在一起，下课避免与她打照面，也从不与她说话，只要她碰过的东西我都用酒精擦拭一下。

二十年后，机缘巧合下我与 W 共事，又成为好友，方知后续的一些事情，她身体素质好，对 C 非常同情，天天免费帮她补课，还在 C 的哀求下冒险替她参加体检。后来 W 在学校体检，查出自己有结核菌，才知道 C 得的不是心脏病，而是肺结核，C 的胸片结核病指征非常明显，她这样的情况是不可能通过体检的，且存在传染性。而 C 的父母为了自己的孩子高考不受影响，就向学校隐瞒此事，不惜让其他同学也陷入危险。C上大学后又周旋于多个男生之间，其中一个差点为她自杀。此人恰好是我的高中旧友，曾在大学时跟我哭诉自己多么差，做得不好，对不起C，分手后自责不已。

以前这些故事都是各自展开的，现在终于串联起来了。我感到恶心无比，阵阵冷汗，幸亏给外婆打了电话。因我当初大病初愈后抵抗力极差，如果我当时跟C走得过近，一旦感染，后果不堪设想。

外婆看起来大大咧咧的，但回想起来，她总是在小心地保护着自己：

从刚参加工作开始，她每月都把一部分工资储存起来，绝不会花光最后一块钱，哪怕在最困难的时候，即使只能存下一分钱，也要存，这个习惯她坚持了几十年，保证任何时候遇到任何事，她都有足够的经济支持可以应对。

她总是提前做好日程计划，这样遇事就不会过于慌乱。

外婆家所在的城市处于地震带上，她的床底下总储存着食物、瓶装水、必备药物，等等。后来做地震演练的时候，老师说如果半夜遇到地震，就裹着棉被往床边一滚，紧靠着床，我突然意识到外婆的智慧——她年纪大了，自然跑不过年轻人，

你不必是一朵花

但只要滚下床，没砸伤，总能掏出点吃的喝的。

她给自己购买保险，定期体检，如果是小病立刻治，每天都健康饮食。

她在家安装煤气报警器，购置灭火器，将老式防盗窗改装为可打开的那种。

她结交人品过硬的朋友，这也使得她即使经历人性至暗时刻的考验，也无人落井下石，他们互相帮助扶持。

外婆所做的每一件事，都将她的安全绳越织越牢固，这样她才敢在人生的钢索上恣意挥洒，获得更多的主动权和自由。我们处在一个充满不确定性的世界中，在自己的能力范围内居安思危，做好准备其实就是上保险，为自己系上安全绳，防止遇到危险时直接跌入谷底。

有些人可能不理解，说这是不是神经过于敏感？不理解的人可能是因为他有疏忽大意的资本，或者身边有人替他负重前行。而对于一般人，尽量把主动权掌握在自己手里，内心安稳，才不容易忙中出错。读研究生时，我跟同学做心理练习，他把安全需求放在最后，而我将它放在第一位。他大惑不解。我看着他一米八高，200斤重的体格，对他说："你半夜走在路上，会让别人觉得不安全。"

不要听别人说"淋点雨怎么了",你也一头扎进雨中,他这样说可能是因为有人在替他撑伞,也或许他身体好淋雨没事。如果真听了他的话淋了雨,他可能从你身边撑伞经过说一句:"你好可怜",也可能在你淋雨发烧的时候说:"你怎么这么弱?"

我们人生的最终承担者,始终是自己。请帮自己系上尽可能稳固的安全绳,尽量保护自己的空间和利益,别管别人怎么想,因为他毕竟不是你。把安全放在第一位绝不过分。

我是在厂区筒子楼长大的,那里治安很好,但4岁那年我还是差点被拐。中午大人们烧菜时,通常会让孩子们结伴下楼玩。父母那天刚好大吵了一架,两人都气昏了,所以没人管我。中午,其他小孩都回家了,突然出现一个老年女性,她走近我并拉起了我的胳膊。我到现在还记得,她的手像铁丝一样紧紧箍着我的胳膊,几乎要把我拎起来,她拖着我走得很快。厂区中午路上一般没人,眼看就要到大铁门口——过了这道铁门就是厂外了。

就在这时,一个推自行车的叔叔经过,因为我哭声太大,一直喊要回家找妈妈,且说着一口标准普通话(厂区人来自全国各地,所以统一说普通话)。而那个老太太说的是当地土话。

叔叔觉得不对劲，于是便拉住了老太太。

后面的经过是妈妈告诉我的。

叔叔说："这是我们厂的孩子，你不能走。"然后一把拽住我。老太一看形势不妙，对方又是一壮小伙，就跑了。

我命运的丝线在最后关头被拉住了，神明不能亲自现身，于是他派出了天使——那位善良机警的叔叔。如果不是他，我现在会在哪里？甚至，我还活着吗？

这件事给我带来了很大的心理阴影，我从此变得谨慎，而这种小心则无数次帮了我。

五年级时，老师告诉我们在路上看到好看的糖果盒不要捡，已经有小孩被毒死了，事实上，我见过那种盒子，但我连步子都没停，因为我不敢吃来路不明的东西；一九九几年时，有几个孩子坐轮渡去对岸玩，冬天大雾辨不清方向，后来，船沉了，我不敢在冬天坐船，因此别人去玩我从来不去；大一时，有人指着地上的100块钱让我捡，我说"你自己捡"，就快速跑开了。

我们知道，男女体力的差异是客观存在的，因此女性面临的危险程度更高，这是不可回避的事实。

有人说，不要总让女孩去保护自己，要建立社会规则，但我认为，自我保护与建立规则两者并不矛盾：致力于建立社会规则的同时，自己也要提高警惕，做好事前防护。

我们永远是自身安全的第一责任人，因为无论治安多么严密的地方，都可能存在漏洞。不然，警察局里的储物柜为什么要上锁呢？

忽视转角的"盲山"，后果你将承担不起。

你不必是一朵花

你不需要那些囚禁你的"应当"

小时候，外婆家有一个小屋当作"图书馆"，每一本书的扉页都写着某某图书馆和单独的手写编号，回想起来，似乎只有历史、军事、科学类的书籍。外婆从来没有买过爱情小说。

小学时我去朋友家串门，才突然发现：家人给我买的书很多是军事题材，但朋友有很多少女漫画和童话书。我回家向外婆表达了疑惑，外婆却说："是谁规定女孩子就不能看军事题材的书？为什么一定要默认男孩应该看这个，女孩应该看那个？想看什么就看什么，如果你想要那些书，我也给你买。但**不要说'女孩应该怎样'，为什么要限制自己呢？**"

外婆的一番话，让我无言以对。我想不明白，为什么如果新闻里的受害者为女性，就总有人强调是受害者本人的原因，被家暴是因为脾气不好，被侵害是因为衣着不得体，却几乎从来不愿直接承认，女性在安全问题上天然处于劣势地位，在性别差异影响明明没有那么大的地方又强调女性"应当"怎样。

小时候我问大人，为什么有儿童节，有妇女节，却没有属于男人的节日？**妈妈说，因为每一天都是男人节。外婆说，妇女节提示我们社会已经进步，但它最大的意义是为了有一天不再需要这个节日。**

我一直不太懂，直到大学时，有一次和两个老乡（女生 A 和男生 B）约好一起回家。B 本来已经提前帮我们排队买了汽车票，而 A 突然变卦说坐火车更舒服，非要 B 去退票重买，我是怎样都可以，就没说话。当年没有网上购票，大学城也没有代售点，于是 B 又坐公交车去市里重新退票买票。

外婆知道后，问我怎么不自己去退票，我随口说出了"反正他是男的，帮一下我们女生怎么了"这句话。

外婆听到我这样说，非常生气，发了大火，我顿时被吓住了，她问我："是因为退票买票需要体力，所以你做不动吗？是汽车站治安差到你一个女性去会遭遇危险吗？如果没有这些问题，就不要说'我是女的，所以他该帮我'这样的话。一旦

你不必是一朵花

接受了这样的观念，就会不自觉认为自己是弱的，理应得到照顾，最后伤害的是自己。"

真正的女性主义，要的是平等而不是优待。女士优先之类小恩小惠的优待，是为了掩盖更大的不平等。一旦接受了这些，在一些需要争取权益的时候，就难免因为自己是女的，对方是男的而自我弱化，做事就无法全力以赴。女性应当这样想：我有不如你的地方，但也一定有比你强的地方。该我做的，我要做，该是我的，我一定要得到。

我们要想一想，两性差异的影响真有那么大吗？我们可以克服吗？抓住一切机会去尝试，去克服困难。把幸福寄托在他人上，这样的人生是不牢靠的。你的路还很长，也会遇到一些困难，也许你会发现，能靠的只有自己。但那又怎样？如果没有那个人，我就自己做那个人。

过年前我曾计算了一下去年的花销，最后发现最大的支出竟然是各类家用电器及耗材。偶然和同学聊起这事时，他非常随意地说："你要是个男人就好了，随便娶个老婆，这些问题（家务）就都可以解决了。"听到他的话，我后背生出一阵凉意。在我眼中，他家境好、学历高，平时对女性非常友善，但他对另一个女性最大的祝福竟然是"成为男性",解决家务的最好方法是"娶一个女人"。我看着自己手上长长的账单,一条条记录在提醒着我家务成本有多高。

其实家庭付出又何止家务?我们都心知肚明这付出成本高昂。在家庭中,一方要更多奉献家庭并为此牺牲职业发展的情况很多。一旦关系破裂,由于家庭付出无法被量化,付出的一方就面临维权困境。而另一方因没有后顾之忧,有更多时间和精力投资自己,能够在学业或事业上发展得更好,获得更多发展机会和更高的收入。

那些能够提供资料证据的财产,在纠纷中容易得到法律保护。而那些为了维持家庭运转付出的时间和精力,由于证据模糊,难以量化,也难以维权,更不要说在这个过程中损失的自身职业发展成本了,弱势一方牺牲的困境依然存在。

法律是道德的最低底线,但法律也无法覆盖现实生活的所有细节。人是会变的,在利益面前,诉苦深情显得一文不值,更何况有些人本就是以剥削为目的进入情感关系中的。试想一下,如果领导不给你涨薪,只夸奖你,说明什么?如果你是领导的孩子,他会觉得你收入高低无所谓吗?有些鼓吹牺牲奉献的人,自己却不愿意付出,因为不能给你提供实在的利益,所

你不必是一朵花

以只能给予虚伪的"褒奖"。

当然，这世界有很多知恩感恩的人，但道德和法律的约束力和保障程度不同，谁能多抓住那些实实在在的东西，谁抗风险的能力就越强，这就是客观现实。

当然，这世界也有许多幸福的情感联盟，如果你是其中之一，也不要抹杀其他人可能遭遇的困境。没有认识和评估风险就进行选择不是勇敢，而是对自己的不负责任。

后来我读到波伏娃的书，她写道："女人不是天生的，而是后天形成的，男人的极大幸运在于，他不论在成年还是在小时候，就必须踏上一条极为艰苦的道路，不过这又是一条最可靠的道路，女人的不幸则在于被几乎不可抗拒的诱惑包围着，每一种事物都在诱使她走容易走的路，她不是被要求奋发向上，走自己的路。当她发觉自己被海市蜃楼愚弄时，已经为时已晚，她的力量在失败的冒险中已被耗尽。"

我突然意识到，那些传统观念中男孩"应该"做的事情，都是对生存帮助很大的。我们同样规规矩矩上学，在大学毕业后突然间被放到社会上，这时谁能更快适应社会，就可以得到更好的成长。那么，是那些从小学习军事、历史，知道如何反抗，被鼓励成为英雄冲上去主动克服一切困难的人，还是那些专注于爱与不爱、绣花纺织打扫，以被拯救为期望，弱小单纯为优势的人能更快地适应社会呢？

在我工作过的一个企业中，创始人是女性，她提拔的绝大多数中层都是女性，她们在市场竞争中厮杀丝毫不逊色于男性。在工作中，如果领导常常评论男性的容貌打扮，一段时间后，男同事甚至会在白衬衫里多穿一件背心，防止背部因"透视"而被人取笑。男同事也会因为升职和奖金问题巴结领导，互相拉踩。很多时候，我们看到的差异其实只是非常浅表的东西。力量不仅仅是体力，有更多比体力更强大的力量在决定着社会运行的规律。**除了客观存在的差异，当男性处在女性的位置上时，就是"女性"。**

没有人可以定义你的人生，你才是自己人生真正的主人。

你应当在社会期待和善待自己之间找到一个平衡。生命中只有一种"应当"，就是好好活着。

外婆用她的实际行动告诉我们：

"应该"不是法律，而你，是自由的。

你生而不可限量，你生而有翼。

你本不应匍匐而行。

你能展翅，那就能学会飞翔。

你不必是一朵花

第3章 放下重担，学会松弛

你那不是延迟满足，是自找苦吃

小学一年级时，妈妈不知从哪邮购了一套儿童心理学书籍。如今看来，那书不过是把国外一些实验直接照搬到儿童教育上，其中有些实验在后期被证明存在很大问题，包括至今非常有名的"延迟满足"实验。

爸妈拿出一个盘子，盘子上面放着两块我最喜欢的夹心糖，说现在给我一块，如果等一小时后吃，就给我两块，说这是延迟满足练习，锻炼意志力。当时我已很久没吃过点心糖果了，因此紧紧守着盘子，最后实在受不了，拿手绢偷偷包起一个跑了。爸爸突然出现，让我打开手绢，看到后他非常失望："三岁看小，七岁看老，你就吃吧！"说我估计是没啥大出息了，他们都是让我锻炼都是为我好，结果我还是没有等到预定的时间再吃……

我很难过，手里的那块糖似乎也失去了吸引力，此后我不再吃这种糖。爸爸妈妈说都是他们教育得好，我才懂得拒绝诱惑了，但又开始说我变得忧郁，心事重。

有年夏天从外面回家，天很热，外婆切了个西瓜。我很想吃，但反而刻意把西瓜拿远一些。外婆觉得奇怪，问我为什么不吃。

我说了之前"锻炼失败"的事，解释自己在忍着不吃，磨炼意志。外婆像看傻子那样看我："你这不是锻炼，是自讨苦吃，就是因为现在又渴又热，西瓜才更好吃。不需要的东西再多，也比不上需要时得到的一小份——以后的两块西瓜也比不上现在的一块。想吃的时候就认真品尝享受，你才会感到满足，学会珍惜。心里明明有苦有委屈，不能全心享受，还要自责。这样快乐会越来越少，活得内耗，得不偿失。"

当我越长大就越感觉到，**"延迟"带来的往往不是"满足"，而是遗憾**。意志力是一种心理资源，是有限的。投入意志力就像花钱一样，要看项目值不值得投资，能带来多少回报。将意志力耗费在没有意义的事情上，是浪费。

你不必是一朵花

愿望都是有时效性的。当特别想吃一个东西时，忍着忍着你可能就不想吃了。在四十岁时获得十岁时想要的裙子，无法重获当初的感觉。因为没有得到真正的满足，所以你的内心会产生深深的匮乏与不安，把生活处处当成战场和考场，焦虑和危机感弥漫，对快乐感到惶恐，认为事情顺利是不应当的，就算没有困难，也下意识要找一些"磨难"来经历。

生存本就艰难，所以我们更要精打细算用好内心的能量。值得忍的事才忍，把意志力花在刀刃上，才能集中力量干大事。对于不值得忍的事，不如及时行乐，获得最大的满足。

只有时不时给自己一点甜，才能支撑克制与煎熬。那么，什么样的苦是不需要忍，不需要吃的呢？是没意义的苦，请看下篇。

不要吃没意义的苦

初中的某天突然下起了暴雨，父母没时间管我，我当时恰逢例假期又冒雨骑车回家，导致之后每月都严重痛经，影响学习，成绩排名下降之后父母不停批评我，我的心理压力更大，痛经就越来越严重。暑假期间，我到省城外婆家住，跟她抱怨这件事，觉得生为女人，太麻烦了，又痛又耽误事。外婆听完，立刻让我换衣服，带我去省城的中医院挂号，接着带我去超市买了热水袋，又选购了几包不同品牌的卫生巾，说："试试哪个舒服点，下次就买哪个。"她每年过年的时候总会偷偷塞给我一笔钱，让我买些自己需要的东西。

那天，她语重心长地跟我说了很长一番话："很多事是我

你不必是一朵花

们无法选择的，比如父母、性别。再不想接受都没用，遇到麻烦，抱怨只会让你更痛苦，压力越大越不容易改善。不如想想，现在我们能做些什么，然后立刻行动起来。人一动起来，就不容易胡思乱想，只会想着怎么把事情做好，这样压力自然就能小点。"

暑假结束了，我要回自己家所在的小城，她特意打电话叮嘱爸妈继续带我去市里的医院复诊，又叮嘱我妈帮我去药房买止疼片，让我实在疼得受不了就吃。该请假就请假，身体最重要，身体不舒服即使强撑着在学校学习，也没效率。不如放松点把身体养好了，再集中精力学习。

外婆作为长辈都开口了，爸妈只得照做，但背后对此事的评价是：外婆多事，很多女性不都忍着，这又不是什么大事情，还要不停去医院。但外婆不这样认为，她觉得很多道理需要辩证地看待和理解。

例如，都说"穷人的孩子早当家"，但现实中，有家族助力和长辈福荫的人发展往往更快。真正的早当家不是早早地迫于生活压力贩卖自己的劳力，而是见识与认知的丰盈，是去了解人性、了解社会的历史和发展规律，提升解决问题的能力，养成百折不挠的心性。什么天将降大任于人就要吃苦，有时不过是自我安慰的话。不要觉得吃苦是光荣，如果吃苦真的让你学到了东西，就值得。但有时候这些苦是你瘫倒在地，不想行动的结果，不过是用吃苦来掩盖自己不想思考的懒惰罢了。硬扛不是坚强，遇到问题想办法解决才是真的坚强。

读研究生的时候，导师曾说过这样一番话，我记到现在："论勤奋吃苦，你们谁也比不上拉板车的。风里来雨里去，夏天烈日晒着，是真辛苦。但就算拉板车也要找对方法，思考哪里顾客会多一些、走哪条路更节约时间……不思考不总结，只会拼吃苦，除了感动自己，没用的。你们要找方法，提升效率，看产出。你们的师兄说他熬夜手工录数据，我要一个博士来打字吗？请个助理来做，他赶快调程序去啊。我非但不觉得他勤奋，还觉得他很傻，有些没必要吃的苦不要吃，不要想着省经费，该花的钱要花，该雇人雇人，该买设备买设备，搞科研就要争时间。"

"不是所有吃苦都有意义的。"导师接着说。

那一刻我很自然地联想到了外婆，觉得她非常有智慧，也窥见她效率高的原因：以结果为导向。在之前的工作中，我见过太多作秀式的勤奋吃苦，而很多领导很吃这一套，甚至非常推崇。但这不过是这些领导控制欲的延伸和一种服从性测试罢

你不必是一朵花

了，对于下属本人的发展不仅没有益处，还会耽误原本的工作计划和进度，让人疲惫而无所得，几年下来，人的心性都熬完了，也没有学到东西，就算要换工作，也没有核心竞争力，只能一辈子循环"服从"下去。人最宝贵的是时间，反复在这种作秀式吃苦中蹉跎生命，浪费了头脑最好用、身体素质最好的人生时期，才是真正的浪费。

如果我们在读书时有口无心地念经，学到的知识不能与大脑中已有的知识或经验联结和整合，很快就会被遗忘，长期单向输入会使大脑倦怠。看似下了苦功夫，也花了时间，其实都是没有意义的苦。练习将学到的知识向别人讲述，将输入转化成自己的输出才能无往不利，你可以向自己提问：你学到了什么，这知识或经验怎么用？你的评价是什么？

成绩是学习的副产品。这句话看起来很荒谬，却一语道破了学习困境的痛点。我们真正要学的从来不只是机械的知识，这些知识毕业后（也许更早）可能就会忘记。问问自己：如果我是老师，会在哪些知识点上出题？怎么出？我会喜欢怎样的卷面？考完后把自己当成出卷人的同行，评价这份试卷：这题出得怎样？他为什么这样出？这样你就能从更高层次掌握考试。这种付出，才是有意义的。

也有些人吃苦，确实是有目的的，但这种达到目的的路径存在问题，有时会使自己和身边的人痛苦，具体请看下一个故事。

你不必是一朵花

不要用吃苦获得道德上的崇高感和资格感

有一年我们去外婆家过年，妈妈的闺密是她的幼年玩伴，住在外婆家附近，所以年初一妈妈带我去她闺密家玩了一天。由于是闺密聚会，没有带爸爸去。爸爸买了几个冷面包，就坐在面包店外面吹着冷风啃，由此引发了肠胃炎。这件事后来被他反复拿来抱怨（一直说到今年）。

外婆知道后，嘿嘿一笑说："你爸确实念了些书，但行事作风还是老一套。就算初一饭店不开门，清真面馆总有吧（当地的清真面馆农历新年不休息）？就算什么店也没有，面包店里有暖气，进去坐着要点热水边吃边喝多好，非要坐在冷台阶上吹着冷风啃冷面包把自己弄吐，弄得那么可怜，仿佛这样才

093

有资格说'都是要陪你回娘家，我都没有地方去了，你还不管我，把我弄成这样'。"

"我好可怜！"

"都是你不好！"

"你应该愧疚！"

可怜吗？可怜的。但都是对方造成的吗？

有些人就是会有意或无意地让自己陷入可怜的境地，好让你愧疚，让你承情。就像借钱一样，非要自己省吃俭用勉强借给你，他就有资格说都是因为你他才这么苦的，要你报答。他不管别人需不需要，非要吃没必要的苦，以获得一种道德上怪罪指责别人的资格。

不要做这样"自讨苦吃"的人。这样的人不快乐，也会让别人不快乐。自怨自艾毫无意义。**比起"被迫"感恩，人们其实更喜欢那些相处舒服，在一起能感受到快乐的人**。坦荡、轻松自在的人，会让人不自觉地想要靠近，因为他们身上幸福稳定的状态具有感染力。如果你希望对方靠近你，就要靠吸引，而不是捆绑。

小时候，学校发的"课间餐"是一种特别好吃的小包子，有一次爸妈都出差，所以外婆来我家照顾我一天，我只吃了一个就赶紧忍住，中午像献宝一样把剩下来的包子带回家给外婆品尝。

外婆只吃了一个，然后问我早上吃了什么，我为自己的"高尚"自豪，说："我是特意饿肚子给你留下的。"她并没有像我想象中的那样高兴，反而说："我知道你是因为想着外婆，所以省下来给我吃，包子也确实好吃。但你要记得，任何时候都要先保证自己的生活不受影响。你能留一个给我尝尝就好，留了这么多，自己就会饿肚子。外婆看你饿肚子会难过，我反而会有负担，所以下次不要这样做了，一定要让自己先吃饱。"

我当时不解，爸妈时常告诉我："这是特意为你留的，我们都舍不得吃，舍不得用。"外婆却突然告诉我，这样做是不对的。于是，我说出了自己的疑惑。

外婆接着说："现在家里并没有那么困难，大不了他们少吃点你多吃点，但绝没有到吃不起的地步。**人如果苛刻对待自己，自我牺牲，就可能会产生一种自己很伟大的感觉，继而觉得自己有资格去要求别人做一些事，别人做不到时自己就会生气。比起把所有东西都省下来给你，一起分享可能会让大家更轻松。**"我当时虽然还比较懵懂，但确实感到在父母的热切眼光中"吃独食"心理压力很大，远不及跟外婆在一起放松。

一年寒假，外婆突然带我下馆子美美地吃了一顿大餐。我们打着饱嗝出来后，外婆突然说："今天过小年，吃得真好。"后来我才知道，那天我爸妈和舅舅一家都出于各种原因临时爽约不能来。外婆没有上演儿女不在家，节日里就吃馒头咸菜，或者做一大桌菜等到深夜倒掉的戏码，而是快乐地跟我一起去吃了我们眼馋已久的高档餐厅。酒足饭饱，她笑眯眯地说："还好只有我俩，人多了我的退休金可请不起，嘿嘿。"

有一次外婆住院我去看她。她摸出个美国蛇果请我吃，当时这种漂亮的苹果卖得很贵。我摆摆手说吃不下。她笑着说："反正快坏了。"我一时无法控制自己的情绪，夺门而出，躲在厕所号啕大哭——她没有说这是好东西，特意留给我的（就像其他很多长辈会做的那样，扮"苦情人"），好让我承她更多的情。即便是不新鲜了，也可以说是留了很久，自己不舍得吃造成的，但她没有。她不会强迫我吃，也不会让我承担不符合事实的情分。

外婆就是这样的人，该怎样就怎样，坦坦荡荡……

你不必是一朵花

不要活得太沉重，这世界和你想的不一样

有一段时间工作很忙，有很多我不感兴趣却又必须做的工作像一只只小兽跟在屁股后面咬我。在烦躁的时候，外婆的话在脑海里冒了出来："**把自己哄好是头等大事，千万不要苦了自己，要多积攒快乐。**"

于是，为了哄好自己，我每天工作前喝杯咖啡，放上香薰，用降噪耳机放上轻音乐，感觉舒服多了。如果脑子转不动了，就剥棒棒糖叼着，用便携氧气瓶吸两口氧气。这样能在工作时全神贯注，不抵触，甚至进入"心流"状态。

快乐和存款一样，是需要积攒的。你不知道什么时候命运就会出难题，解决这些难题是需要耗费心理能量的，如果平时

不存钱，到有急事时就拿不出钱，内心能量也是一样，平时要保证自己舒坦、自洽，积攒内心的"存款"。在任何时间都竭尽所能哄好自己，照顾好自己的情绪。

20世纪90年代的夏天，城市经常拉闸限电，往往在越热的时节，越可能停电。外婆家在省医院旁，每当这个时候，就会有更多救护车声响起。外婆的房间里也像火炉一样。她把大澡盆放在客厅正中，我们则坐在水磨石地板上，愉快地玩水。她满意地说："还好是水磨石地板，如果是木地板，就不能这样尽兴了！"

她又拿出冰激凌说："还好它快化了，可以下决心吃掉！"一向严肃的妈妈也来跟我们玩得不亦乐乎。电一直没来，表弟不停喊热，妈妈笑眯眯地拿出花露水喷在他的后背上，由于花露水中的酒精能迅速降温，表弟又开始喊："这不是凉快，是冷！"大家哈哈大笑。

那年停电明明给大家带来了不方便，甚至有中暑的危险，这段经历在回忆里却是开心的。停电是好的，冰激凌要化了是好的，寒酸的水磨石地板是好的，甚至热到无计可施要用酒精降温这件事也是好的。

在不可改变的事情面前，寻找其中有益的部分，并立即行

你不必是一朵花

动，让自己开心——这让我相信，**无论处于何种境遇，我们都有能力改变自己的生活和感受。没有比自己相信自己更能让人感到安全的事了。**

前几日家里突然断电，我迅速打开冰可乐，满足地喝上一大口，又热情地招呼老公："快喝啊，一会儿就不冰了！"之后又开车带狗去郊外玩，以前一直想去，但下不了决心；回家路上买爱喝的茶，去一直想去的饭店吃了饭。我觉得无论处于高峰还是低谷，都要有乐观的精神，开发巨大的能量宝藏。那段时间，我总是边哼歌边干活。我发现，虽然身体的劳累到来很快，但也很容易恢复。心情好了，工作效率就会变高，因此人更能坚持，甚至不觉得有多苦。

吃苦一定是有情绪成分在的，如委屈、难过、仇恨、嫉妒……这种种负面情绪会带来自我对抗，埋下有毒的种子。当下次处于类似的情境中时，过往痛苦的记忆会一起涌现，将自己拖进情绪的深渊。这种情况下工作效率怎么会高？

心里太苦的人很难自信，别人的优秀也可能会引起猛烈的自我攻击，比如用封闭保护自己，这样的状态很难让人松弛下来，会不自觉地计较和敏感，无法坦然接纳自己的不足，更不要说学习他人的优点，真心欣赏和赞美对方了。当你还在处理情绪问题时，其他人已经开始查漏补缺了，你的工作效率肯定大打折扣。

心里太苦的人是无法嘴甜的。即便伪装嘴甜，心里也是难受的，心口不一，也容易留下破绽。

你如果总是吃苦，别人会习惯你的付出。任何环境中，如果一个人总是承担最多，最后大家并不会感激他，反而觉得是应该的，因此苦都让能吃苦的人吃了。

爸爸是从农村考上大学的，他的教育理念非常传统：吃苦磨炼，以德报怨，甚至唾面自干。外婆对他的教育方式极不认可。爸爸在人生接连摔跟头之后，居然也开始承认，外婆的很多方法虽然不符合常理，甚至"上不得台面"，却是有效的、符合人性的。外婆教我的很多东西，是只有对至亲之人才会传授的经验。她告诉我们世界到底是怎样运行的，为什么和书上讲的不一样。人生在世，不要与人性为敌，而是要顺应甚至利用它，只有这样，做事才能达到事半功倍的效果。

就像汪曾祺说的："我的人生，就像那栀子花一般痛快。"

在生活的旋涡中心，松弛地喝下午茶

小时候有一次妈妈生病，爸爸需要陪她去外地治疗，于是请外婆过来照顾我。那天外婆为了抢第一个进门获得狗狗的热烈迎接，一不小心滑倒了，她用一只胳膊撑地导致骨折，爸爸觉得她节外生枝，给我们添了麻烦。

但事实上，在外婆陪着我的那段时间，我受益良多。外婆用她这种"神经大条"的性格在生活的旋涡中心，为我树立了一个永远不倒的支柱。这个支柱强大稳定，让我可以放松下来。那种感觉就好像在面对狂暴台风时，她也有办法安然地在风眼之中喝茶；就算明天是世界末日，今天她也会愉悦地享受美味的点心。

村上春树说：“我能承受任何痛苦，只要这种痛苦有意义。”对于外婆来说，每一秒都有每一秒的意义。无论未来怎样，这一刻一家人还可以在一起嬉笑，这样就已经很好，值得快乐和庆祝。不管明天怎样，我们不是还拥有今天？

我记得妈妈和外婆赛跑时大笑，外婆胳膊上打了绷带，回来还拉着大家一起和狗狗合影的情景。妈妈合影时也在微笑着，她对我说：“外婆总有办法。”外婆用她的松弛传递出一种对挫折的蔑视。无论世界如何变化，都无法改变她的内在世界。爸妈不在家的那些日子，虽然外婆很多事都做得一塌糊涂，但她似乎最后总有办法解决，跟妈妈打电话时总是笑眯眯地说：“一切都好，放心吧。”

事实上，她经常搞砸事情。如果搞砸了，她就先睡一觉，睡饱了再起来解决；如果还是搞不定，就翻电话本求助。

我没有看过外婆发愁，她总是精力充沛，该发火就发火，该大笑就大笑。我爸说她没心没肺，没有为我妈忧虑。但这么多年过去，每当我回想起外婆的时候，正是她的乐观和豁达让我那段时间也没有那么压抑，甚至有些安心，就像你走了好久好久的路，路上很黑很冷，突然回到家里，喝了一杯温水的感觉。我开始意识到心理支持的巨大价值，这是我爸一直无法理解的东西。

无论面对什么困难，如果一个人的心态是饱满有力的，他都可以克服困难坚持下去。为什么有人粗茶淡饭也能快乐？为什么有人锦衣玉食依然痛苦？生、老、病、死、求不得、怨憎会、爱别离，生命本就是一场艰苦的冒险。外婆身上所散发的气质构建出一个无形的、强大的场域。进入这个场域的人可以获得镇定。

归根结底，在生存水平之上，人活的就是一种感觉。

外婆七十多岁的时候生病，只能手术摘除了胆囊，出院后很长时间，她还会腹胀，容易放屁。医生鼓励她术后多散步，以促进肠胃蠕动，不要憋气憋屁。

外婆一生都很讲究，化妆穿衣一丝不苟，我心想：一个连下楼倒垃圾都要把眉毛画规整的人，要她一边散步一边放屁，怎么可能做到？没想到，她每天去公园散步，遇到熟人也非常自然地聊天，只要有感觉就提前说一句"不好意思"，甚至开玩笑自嘲，提示别人不要站在她的身后。神奇的是，她的泰然自若和幽默感染了对方，与对方的谈话反而更加轻松自在，大家开怀大笑，没有任何人因此疏远她。这种松弛甚至反而得到了几个老头的追求，一度让她不胜其烦。

我当年很不理解，外婆为什么可以将这样尴尬的处境化解得不留痕迹，外婆却很不理解我为什么觉得这会是个难题，她解释道：

"如果我身体没问题，那确实应遵守社交规则忍一忍，但我现在是病人，就该遵医嘱。我已经跟对方说明了情况，跟不跟我聊天就是他们的选择了。对方选择留下来，那我就相信这不会给他带来困扰。公园场地开阔空气流通，我走自己的路，被不了解情况的人笑一笑又能怎样？大家都不认识，我又何必在意？那些要求我因为容易放屁就待在家里不出门，不跟别人正常交往的人，根本没考虑我的要求。人家都不在乎我，我又为什么要在乎他们？"

心理学上有个"出丑效应"，指的是人们不太喜欢那些没缺点的人，因为会让人感到紧绷，而有些小缺点的人更讨人喜欢。外婆毫不避讳甚至经常幽默调侃自己的缺点，比如数学不好、逃课、没考上大学、做事不管不顾。但就是因为她真实、自然，我们才觉得她更可爱，也可以放松地在她面前做自己。

随着时间的推移，我开始懂得，生活是自己的，生命的

你不必是一朵花

意义大多时候只和自己有关。我不需要背负那么多不必要的负担。

遇到那些并不是真正为自己好的社会规劝，比如将个人的认知强加在别人身上的人，外婆一般会大声说四个字：

"去你的吧！"

在父母身边的我，性格非常拧巴，说话做事小心翼翼，生怕出错，因为一旦做错，就会受到指责，后续演变成剧烈的自我攻击，因此我总是把自己紧紧包裹起来。但一回到外婆身边，我就发现自己没那么在意别人的眼光了。外婆的强大和镇定具有感染力，哪怕她已经离去，在我自我怀疑的时候，只要想起她的话语，总能给我力量。

对待生命，我们不妨大胆些，因为终究要失去它。当真正接纳自己，爱自己的时候，你将吸引真正的爱与欣赏，而不是限制和掠夺。所以，何必在意不值得的事？何必在乎不在乎你的人？只有你才有权利决定如何度过此生。

外婆生活很规律，基本在中午 12 点起床。她从小由高祖婆带大，民国时期的上海号称"不夜城"，高祖婆夜生活丰富，看戏、通宵打麻将、享用精致的夜宵，因此外婆也习惯晚睡晚起，退休后没有工作约束，就自然地恢复到童年时的作息。

每晚临睡前，她会准备第二天早上要吃的食材，将该洗的洗好，该泡的泡上，肯定有红枣、鸡蛋和牛奶，其他的根据季节和身体情况调整。冬天食材就直接放在锅里，夏天则连蒸格一起放进冰箱。

起床后，她先到厨房把前一天准备好的食物蒸上，喝一杯温开水，把被子摊开晾一会，用一个猪毛刷刷床，再把床铺平。她做这些的时候会很仔细地戴上口罩，因为灰尘进入鼻子里不舒服，还自言自语："床铺平弄整洁，人才能睡好。"天气好的冬天，她会把被子抱出去晒。

外婆的枕头和被子都是羽绒的，稍微一晒就像云朵一样蓬松，也像刚出锅的馒头那样软。晒完之后再仔细套上真丝的枕巾，是她的一件旧绸缎背心改的，又细腻又光滑。

接着认真刷牙，刷足够的时间，后来她开始戴假牙，用专用的小刷子仔细地刷她的假牙，装假牙的玻璃罐子都晶晶亮，泡假牙的水都要用冷开水。我在正畸的时候，每次都把保持器用自来水随手一冲，放进自来水里泡着，刷的时候胡乱用很大力，因此我的保持器非常容易坏。这时候我就会想到，外婆的东西好像都可以用很久，用了很多年还能保持很好的使用状态，这不能不说是一种生活的能力。很多人以为像她这样的资本家太太小姐终日无所事事，但外婆说她们要学的东西也很多，要学习打理一个大家庭的衣食住行，管理佣人和各种产业，每一样都是很复杂的学问。

刷完牙后，外婆会先在盆里放热水，泡暖手指，再兑上昨天剩的茶水，轻轻擦洗眼周。

接着换上新的热水，洗脸和脖子，再用厚厚的热毛巾敷一会，如果前一天晚上打麻将了，她会用温温的水煮蛋敷眼睛。

然后坐在梳妆台前，仔细给脸和脖子涂上银耳珍珠霜（当时一块钱一袋），她一直只用这款，我后来买了其他各种面霜，她都说没这个好。我想她始终是爱外公的，因为虽然外公已经去世多年，但她的梳妆台上总有罐自己不用的"雅霜"，是外公生前爱用的，很多次我瞥见她静静地打开盖子闻一闻味道。

擦完之后，她会接着用珍珠霜抹手，再拿一把乌木梳子梳头，这把梳子从我记事起她就在用，有很多并排的齿，齿尖圆润，抹一点点发油，按一定的按摩顺序让头发彻底通顺。

她最看不上我把头发一抓就跑出门蓬头垢面的样子，会把我按在梳妆台前梳头，梳妆台有淡淡的桂花味道，她一下一下梳我的头发，午后的阳光照在身上，很安心，很温暖，很放松。

那时候我只是个小学生，她也会用卷发棒把我的头发卷出心形花样。我记得那盒卷发棒是朋友去日本出差给她带回来的，有五个造型头，下面的部分是个出风机，套上不同的造型头就可以做出各种发型。

打理完头发后，吃"早中饭"，她的饭菜以蒸煮为主，蔬菜、肉定量，她一定要在温热的时候吃，细嚼慢咽。如果饭菜凉了，她宁愿再用微波炉热一下，也不会直接吃冷的。

饭后是冲茶，她每天都要喝茶，滤掉茶叶之后，把热茶水放到保温壶里慢慢喝。

外婆每天要吃五六顿，三顿正餐，中间吃两次茶配小点心，保持血糖稳定。哪怕在那些困难的年月，她也要从午饭省一点，或者用煤球炉烤一些简单的糕点，下午配茶水吃。

如果当天要出门，她会化妆，将木棍烧成灰用来画眉，一定要涂口红。她的口红很好看，是金色带雕花的管子，一般是正红色的，显得非常端庄。把睡衣换下来，穿上真丝打底衫，贴皮肤的衣服一定是双绉或绸缎材质，穿久了很柔软，轻薄出汗易干，不易感冒。她很少买新衣服，所以挑选和搭配都比较

你不必是一朵花

熟练：绸缎配珍珠，大衣配宝石胸针，诸如此类。风大的时候，她会戴窄边羊毛帽，一般是红色的，和口红的颜色一致，白色纱丝巾在颈上打个大蝴蝶结，很多人都说她可爱。鞋只有几双舒适的，且只有棕和白两色。

如果不出门，她就看报纸和书，为了了解时事，外婆常年订多份报纸。晚上换上舒适的睡衣看电视剧，男主"气派"是她追剧的唯一动力，我曾经推荐过一些电视剧给她，她如果弃剧，原因一定是"男主太丑了"。如果天气冷，她会提前用两个热水袋把被窝焐热了，后来改用电热毯，但是电热毯容易让人上火，所以她每次睡觉提前开，入睡前断电，并泡上银耳百合莲子，第二天起来喝。

外婆直到八十多了，还是一头黑发，她从不用染发，眼不花，耳不聋，我和表弟有意见时会互相发微信，她耳朵太尖了，总能听见。

写这些的时候，往日的点点滴滴再次浮现，感觉自己仿佛回到了那个外婆帮我梳头的午后，她一遍遍唠叨的话语再次在耳边响起：

"保养不是花许多钱才能做到的，而是要认真对待自己，作息规律，好好吃饭，认真清洁，不糊弄自己，情绪不过夜，

有事积极处理。"

"没时间照顾自己，生病就有时间啦？"

"身体坏了，难受的是自己。"

"一个人就是一个部队，你要管理好自己的方方面面。"

"把自己管好，就是对家人负责。"

你不必是一朵花

第 4 章 身心和谐，发展之道

安贫乐道可能是极大的陷阱

读书时，我曾天真地认为，安贫乐道过一生也不错。当我将这个想法跟外婆分享时，遭到了外婆的严厉批评，她所说的大意是：年轻人是没资格安贫乐道的，人在最有精力和条件时要尽力向前冲，多学本领、多赚钱、多积累。人这一生总会遇到坎，钱可以帮你过滤掉很多苦，有钱钱替你吃苦，没钱就要用身体、用命去扛。扛多了，就会忘记自己是珍贵的，轻视自己的人容易对自己不负责。不好好经营自己，会给别人廉价的印象，别人也会轻视你，引发无穷困扰。而且，人活着是背负责任的，该拼的时候如果不拼，就无法给家人更好的生活，到中年时负担更重，那时再拼，效率也比不上年轻人了，免不了后悔。很多人的一辈子就这样在懊恼中蹉跎掉了。

外婆曾经问我："知道我为什么可以一辈子快乐吗？"

我说："那是因为你性格开朗。"

她说："最重要的原因是我有钱。**女性能工作真是太好了，可以自己赚钱，不必靠男人。**女人更要学本事养活自己，男人落魄了还能去卖苦力，女人的退路更少。"外婆家族的教育宗旨是：女孩必须要有立足社会的本领。外婆的姐妹均毕业于名牌大学，她中学毕业学习了艺术。如今依然听到有父母强迫孩子学文化课，不许考"旁门左道"的艺术，以及剥夺女性受教育的事。虽然太婆是清朝人，但其教育理念很先进。

我想，这样大胆直白的回答也只会出自至亲至爱的人。因为说出难听的大实话，也不用担心被对方挑刺。

有不少人会告诉你，平淡的生活没有什么不好，安贫乐道也能幸福过一生。这样的话，退休的老人说一说没有问题，而如果是一个年轻人，还未曾入世，何谈出世？只有见识过繁华和清冷的人，才有资格说自己喜爱平淡。未曾尝试过、拼搏过，就躺平在地的人，不过是在栅栏外够不着葡萄又安慰自己葡萄酸的狐狸。

人活在世界上，一定是需要消耗物质的，没有钱真的寸步

你不必是一朵花

难行。《史记·管晏列传》中说："仓廪实而知礼节，衣食足而知荣辱。"就是说，人在粮仓充实的时候才能够懂礼节；衣食饱暖时才会懂得荣辱。如果连安身立命之本都不稳固，又怎么去谈及其他？说什么甘于平凡，有时候只是自身懒惰的借口，如果不主动迎难而上，生活一定会把苦喂给你吃。如果不主动创造自己想要的生活，将主动权牢牢抓在自己身上，最终我们就要花费大量时间，应付那些接踵而至的麻烦，应付那些不想要的生活。

外婆从拿到第一笔工资就开始存钱，也努力工作赚钱，学习投资，哪怕在最难的时候，即使只能存下一分钱也要存，这样的理财习惯她保持了几十年，她动荡的生活经历告诉她，钱太重要了。在有钱的时候就必须有所准备，应对不时之需。

后来母亲病重，我在医院陪护，镇痛麻醉贴片是要自费的，有的家庭因为缺钱，亲人就要在床上夜夜惨叫呻吟，眼见七尺大汉偷偷在走廊抹泪借钱，踌躇万分，开口就是世态炎凉。回头来看，带给我最多安全感的就是踏踏实实地赚钱，只有这样才可以不为账单发愁或接受一些不得已，从而更加负责地对待自己。

我们生活在现实之中，不可能做到完全不和他人比较。

在贫困县的小学我曾目睹没见过蛋糕的孩子偷偷藏起一块给妹妹吃。人非草木，孰能无情，看到别人家的孩子因贫穷而受委屈我尚且难受，如果因我在该拼搏的年龄不去拼搏而导致自己的孩子受苦，我不敢想象自己会是怎样的感觉，内心又怎会没有一丝波澜？

所以，年轻的朋友，别追求安贫乐道和平淡，那是迟暮之年回望人生时才能有的感悟。读书期间就努力读书长本事，工作时就抓紧机会把能学到的本领都学到。人际烦恼不值得你花费大把时间，人本质上都是慕强的，没有能力，再怎么委曲求全都是无用的。把时间和精力放到提升实力上，尽力经营自己的生活，比什么都强。

我很久以前读过一段话，非常有感触："当经历或目睹过租房的窘迫、生大病的绝望、亲人的患病离世以及身边人的飞来横祸后，你就会觉得生活中真真切切能让你感到安全的，只有健康和金钱。而痛苦，就在于赚钱的无能吧。"

不要抱怨贫穷，更不要安于贫穷甚至感谢贫穷，前者会消耗你低谷时起身的能量，后者无异于自我设限的慢性毒药。

你不必是一朵花

那些谁也抢不走的东西

一次论文评审会上，导师跟我说："虽然我不是那个方向的，但如果让我弄，我也能搞好，因为要的东西都在这了。"然后指了指自己的头。我瞬间一激灵，因为外婆说过同样的话。

上中学的一天下午，我家后面的一栋楼上有一户人家煤气爆炸，导致半边楼塌了。我当时在外面，等跑回去时，只见外婆正披着羊绒披肩在人群里和别人聊天，看到我后对我招招手。走过去我才发现她什么都没带下来，她当时说："还有什么比人更贵？最贵的东西在这。"边说边指了指自己的头。

我这才看见她手上一直戴着祖传的宝石戒指，身上披着的披肩也价值不菲。我突然意识到她一直只用贵的东西，其中更

117

深层的意义。外婆经历过各种动荡的岁月，也看到过有些高门大户似大厦倾塌，可能什么东西都带不走，都可能被抢走。那么若遇到这种情况，她只需要随身带出来哪怕一样，就可以马上变卖，获得一笔钱，应付当下的困境，以后便可慢慢立足。比宝石、羊绒更贵的，是人的头脑。

曾经的工作过程中，我做过的一些工作最后归功于其他人，甚至连当初允诺的奖励也被剥夺。那时候要说没感觉，是不可能的。当时有位前辈（现已去世，但他的教诲我始终铭记），他对每一份交上去的文稿都要仔细修改，有次我实在受不了他的过分认真，就说："也没写你的名字，也没写我的名字，为什么我们还要改几十次？"他笑着说："一旦开了口子，人就会懈怠，我正好有时间教你，你多学点，以后说不定可以靠这个吃饭。抢得走的是名字，抢不走的是本事。"

于是我很认真地学，也不管谁拿去怎么用。后来我以个人名义为报纸杂志写文章，逐渐拿回了自己的"名字"。

"人会弃你而去，但本事不会。"外婆总是告诫我，不要妄图把自己全盘托付给其他人。尤其在两性关系中，伏低做小依靠男人养活，往往没自己工作挣钱来得牢靠。爱情和婚姻都是人生的可选项。不要想着用付出绑住男人，多数情况下那是

你不必是一朵花

没用的，倘若居功，对方反而可能恨你。感情是很脆弱的，而能否得到尊重往往不取决于付出多少，而是定价权掌握在谁手中，轻视冒犯的成本有多高。

主动学习，努力工作赚钱，才能游刃有余地享受爱情，才能在遇到问题时从容应对。人的淡然从容更多来自对自己能力的自信。所以，有了收入，不妨先投资头脑和不动产，这是为了让你的东西难被抢走。

外婆家中以前有佣人偷窃，高祖婆一定会严厉处置，并优化佣人的整个工作流程，让他们偷窃的可能性降低。高祖婆说，如果对佣人偷窃的行为不管不问，所有人都知道了拿走你的东西也不用付出代价，那么再大的家业也可能被偷完。所以要建立规则，坚决维护自己的利益，震慑佣人。只有这样，才能保持家宅稳定，心无旁骛地去拼搏。

总有人不想付出，只想投机取巧，你可能也会因此而感到难过和不平。这是非常自然的情绪，不要因此自责，不要攻击自己的弱小。能力就像种子，一旦种子发芽了，石头是压不住的。你是自己世界的主人，你最珍贵的财富在头脑中：智慧、自信、决心……你应当把有限的时间、精力和金钱优先投资到这些上面。慢慢来，你想要的其他东西，终有一天都能得到。

在《千与千寻》中，白龙对千寻说："汤婆婆会夺走别人的名字，然后支配他，你把名字好好藏起来。名字一旦被夺走，就再也找不到回家的路了。"

一旦忘记了自己的名字，就会被困在"汤屋"。就算你现在陷入了糟糕的境遇，无法逃脱，尽管你被迫为"汤婆婆"服务，但是你千万不要忘记你是谁，默默努力，相信终有一天会冲破困境。不要困在不适合你的环境中，终有一天你会发现，那只是你人生河流中很小很小的一个水花罢了。

为什么越专注于省钱，人往往越穷？

外婆说，钱的本质是时间，应该像花钱一样花时间。

外婆总是会在力所能及的范围内帮助我们，也从不吝啬给我们钱。外婆支持我们去上各种补习班，花钱学习别人的经验。她常常告诉我，你要掂量一下这部分时间花得值不值得。

外婆去世时，将所有珠宝留给了我。后来有一日，我需要录个视频课，不知道戴什么佩饰，于是就去外婆的珠宝盒中翻找，想找个腕饰。我才发现，她除了手表，没有任何腕饰。总戴着手表，不和任何饰品叠加，这也许就是她对"时间最贵"的诠释吧。小时候，她把一些价格不菲的东西随意给我当玩具，像雕花金烟盒、掐丝金胸针，在我兴致勃勃地学拖地碰碎她父亲留给她的最后一只古董花瓶时，也只是笑笑。但她的手表我不可以碰，她的手表指针比正常时钟要快五分钟，怕我碰乱指针。

外婆对于做家务一直不是很擅长，所以常年雇用保姆，到了晚年更是雇了一个全职看护、一个做饭阿姨和一个家政公司钟点工。我做家务的能力也很差，说起来我们整个家族的女人似乎都不擅长做家务，也可能是缺乏天赋。我的朋友多次试图教我擦水池省时省力的方法，我最后还是没有耐心放弃了，她说我"太笨了"。因此，我在扫地机器人问世以前，一直需要请保洁，2010 年，专业清洁人员一小时 50 元，可以完成我 4小时的工作量。我就算用这个时间去做家教，也肯定能赚超过50 块钱。

有一次我跟家里的保洁阿姨分享了这个经验，没想到她听了这话后，转头给自家也请了保洁。她认为，在家干活，付出无法量化，家人也轻视。她家不大，请初级保洁（30 元／小时）就可以，自己可以在外面挣 50 元，等于赚 20 元。后来她又抽时间考证，2011 年升级成高级家政师，收入是 100元／小时。她说自从自己天天忙着赚钱，家庭地位也提升了。

很多人浑浑噩噩，根本不清楚自己的时间花在哪里，换

你不必是一朵花

回了什么，感觉明天总会到来，所以时间好像是廉价甚至免费的。其实，我们的国家富裕起来也不过是近几十年的事情，很多人虽然已经衣食无忧，但思维还停留在贫困年代，所以不珍惜时间，只看重钱。有的人愿意花几小时排队领鸡蛋，却不愿思考如何提升自己的时间价值。归根到底，是这些人害怕改变，从而让自己陷入恶性循环。一个不珍惜时间的人，很难拥有长远的眼光，而短视会造成更严重的问题。

例如，平时不注重养生，有病不及时治疗，拖成大病花更多钱，导致更加贫困；难以忍受等待，只想要即时回报，所以很难完成某些艰难的任务，容易半途而废；不愿让别人挣钱，什么都想自己做，不愿购买服务。一个人不可能什么都擅长，做自己不擅长的事，很可能最后花费大量时间还没有取得理想的效果，导致时间的交换价值被白白浪费了。而做自己擅长的事情，不断提升自己，不但能学到本事，还可以赚取时间差价（如上文的钟点工阿姨）。

人因为受到限制（生病、年老等）没有办法再去赚钱时，就只能节省，这是无奈之举。但对于年轻人来说，也许应该多思考怎么自我提升，怎么开源，而不是只盯着节流。要挣钱，就要逼迫自己去思考、去学习，这样人的潜能会越挖越多，而在挖掘自己潜能的过程中，成长的脚步也越来越快，眼界越来越开阔，这本身就是珍贵的收获；而省钱永远有上限，将省钱看作头等大事，人会畏畏缩缩，社交受限，信息渠道狭窄，发展机会也会变少。

一味省钱，不敢投资自己，会给人"我不配"的心理暗示，降低自我价值感。如果目光只盯着一点小利，人会变得越来越狭隘，慢慢堵死自己上升的路。所以，最应该物尽其用的是时间。我们唯一拥有的是生命，生命的单位是时间。**你需要跳出贫困的思维陷阱，像珍惜钱一样珍惜时间。**

你不必是一朵花

为什么贵的反而便宜？

爷爷在我出生前就去世了，据说他生前非常勤劳，最奢侈的事情是"一口吃一颗黄豆"。解放前地主贱卖地，他觉得这是好机会，拿全部积蓄买地，成了富农。与此同时，外婆家族把财产无偿献给了国家。他们的这些决策影响深远，在时代的起起伏伏中，爷爷没有获得他应有的"贫下中农"待遇，甚至影响了大伯和爸爸。而外婆的家族因为解放时已经没有多少财产，又变成了普通市民，且外婆及其姐妹后续都嫁给了军人、干部和当铺学徒工，未受到任何冲击。

有句话说："最大的囚牢是人的思维，人无法赚到认知以外的钱。"外婆认为，人只能拥有时间，花钱的本质是用时间换时间，不要把思维局限在钱本身，要重视其带来的结果。后来，传统的思想总是从爸爸的口中冒出来的，甚至最后他自己也越来越像爷爷。恢复高考之后，爷爷阻止爸爸报名，理由是"耽误时间，少赚公分"。

大多数人无法区分投资与消费。投资以增值为目的，消费为满足自己的某种需求。

花钱不一定是得失相抵。有时，一个行为既能满足自己的需求，还能带来资产增值，是"赢两次"。反之则是"双失"，即减少了财富还没满足需求，这时就应毫不犹豫地止损。

这样说可能比较难理解，我们举几个例子。外婆有段时间遵医嘱控糖，每天只能吃一个爱吃的小点心，如果尝一口难吃，她会立刻重买。外婆独居的时候则不会如此，因为她当时不吃完就会浪费，而控糖的时候，外婆和舅舅同住，她不喜欢吃的点心，家人可以帮她吃完，因此不用担心浪费。外婆觉得当时已经身体不舒服了，如果还要强迫自己吃，是"双失"，钱花了，还没得到味觉满足，所以就应立即止损，再买新的吃。强迫自己，会带来其他损失，得不偿失。

外婆的衣服面料考究，多为真丝羊绒之类，这些面料能保护皮肤，穿起来轻便舒服。穿得舒适，人也会由内而外地从

你不必是一朵花

容，更加自信。她从小就知道如何打理这些东西，所以也没有增添很多时间成本，而且在打理喜欢的衣装时，也获得了心理上的满足和快乐，这又是一种效用。她的裘皮大衣从民国时期穿到去世，虽然购时昂贵，但每次穿出来都让人惊叹，平摊到几十年，单次使用费几乎可以不计。她的珠宝黄金增值跑赢通胀，名家手工费一路上涨，卖出就可赚钱，装饰功能几乎算是附赠的了。

"学习是为了提升时间的价值。"

外婆年轻时有很多女性糊纸壳，一小时可赚 1 毛钱。外婆弹钢琴，一小时可赚 5 毛钱。学习提升时间价值，也会给你带来更多的选择权，比如外婆有机会伴奏就去伴奏，其余时间她依然可以挣那个糊纸壳子的钱。学习让你可以选择做这个还是做那个，也可以轻松退回到下一个档，但是，没有相关技术的人想要赚你的这份技术钱，就没有这个机会了。

"人生是为了获得尽可能多，尽可能精彩的体验。"

同样是 1 小时赚 1 毛钱，外婆愿意去扫落叶也不愿糊纸壳，为什么？因为扫落叶可以顺便看看大自然的变化，等于在玩，还可以捡点特别的叶子给孩子做书签。"糊纸壳这种机械重复的工作有什么意思？"这是人生的体验价值。

127

我收到过读者留言，她疑惑：买衣服、黄金珠宝、包是不是消费主义陷阱？我觉得这个问题可以这样看：陷阱意味着损失，那么我们问一问自己，钱增值了吗？自己获得真正的满足了吗？

随便买便宜东西，钱会不知道花到哪去了，留不下来。用起来不惊艳，用两次就不喜欢，二手卖不上价，单次使用成本更高。认真选择好的东西，物尽其用，每次用都很称心。

"买便宜货才是浪费。"我很少见外婆买东西，但只要她出手买下的，必然是质量上乘、价格合适的东西，她用起来非常珍惜，每一样东西仔仔细细地挑选进门，高高兴兴地使用，都要使用相当长的时间。我刚工作的时候，没什么钱，会买很多便宜的衣服，她非常看不上我买的东西，甚至有时候会恼，大喊："我是坚决反对的！你在浪费钱，自己还不知道！"

后来我自己也发现了问题，总买的便宜衣服穿两次就扔了，其实算下来，单次使用费是很贵的，还会破坏审美（特别是我这种从小没有被特意培养过穿搭审美的女孩子，就会穿得更乱更奇怪），得不偿失。外婆衣服不算多，但质量都很好，经常保养熨烫，使用周期长，能够保值。

外婆很注意自己的形象，她说："贵重的衣服督促你保持

你不必是一朵花

身材，胖了再花钱去买新的就会心疼钱，这会提醒你注意不要发胖了，而便宜的衣服，扔了也无所谓，吃东西就没有负担了。"她这话是专门对我说的，因为外婆常年都很瘦，而我非常容易发胖，高中时候一度胖到走路需要叉着腿走，不然就会因摩擦而疼痛，太胖也会影响健康和精气神，工作也会受到影响。即便在最艰难的时候，她依然每天打扮爽利："倒人不倒架子，衣着得体，人更有底气。"

外婆的首饰会根据年纪定期翻新换款。她在手头宽裕时持续数十年购入黄金宝石，这是她在民国物价中获得的抗风险经验，她说："男人拿家里的钱可能没什么心理负担，偷老婆的首饰则要顶着巨大的压力。前者大家觉得没什么，但哭诉他典当你的首饰，连法官都会觉得他过分。"

不要让自己廉价

小时候，外婆有个朋友 G 奶奶，很喜欢买东西后让别人猜猜多少钱。外婆每次都猜贵了，G 奶奶很高兴，报出正确的数字（都极其便宜）。这是由于外婆眼光高，总是买质量上乘的商品。

她叹了口气说，G 喜欢让大家猜价格，可能是想让大家觉得她会买东西。但她没想到，"廉价"的印象一形成，就算买了贵的，别人也会觉得"她能有什么好东西，肯定是大减价买的 / 东西肯定有问题"。不自觉就轻视了她。

不要让自己廉价，一旦接受了廉价的定位，会带来麻烦。

你不必是一朵花

第一个故事：穿得不对，麻烦加倍

外婆一直很注重自己的形象，她也在我刚入职场时给过我教诲。当年母亲正好重病入院。治病就是这样，谁也不知到底需要多少钱，全家都不敢额外消费。我中断考研，选了给钱最多的工作，大四直接实习，等拿毕业证之后就转为正式职工。同事条件大都很好，领导为女性，常安排我陪同参会。有一次我独自进入会场时被保安拦住，费尽口舌也不让我进，最后打电话才让领导过来领进去。

领导很委婉地提出给我加些津贴，让我去买新衣服。

那一刻，我意识到自己的寒酸。

父母和外婆理念多有不同，父母不许我打扮，要求我朴素。工作后我也不知道如何搭配衣服，不知道在职场中应该穿什么衣服。工作和上学毕竟不同，学生时代，大家还有考试这个聚焦点，穿着一般似乎也没有什么影响，但工作之后，穿着问题突然变得影响很大。晚上，我失眠了，打电话给外婆。外婆立刻说第二天给我汇款，再三强调，一定要拒绝领导的这笔津贴，自己花钱买衣服，再三告诫我："先敬罗衫后敬人，穿好点能省掉许多麻烦。"然后反复提醒我："不要在一开始就表现出家境不好。"

外婆告诉我，要和同事们穿成一类人，不要太扎眼，但也不能太差，于是我观察了同事们的风格，买了几套衣服。后来又跟同事们一起去逛街，观察她们一般购买什么样的衣服，品牌是什么，价格大概多少，又给自己挑了个质量很好的包，用了好多年。一个连保安都认识的品牌包，可以让我省去很多口舌。在一些重要场合，这只包也会给我增加点勇气。当我拿着奢侈品包包、穿着全套羊毛西装、脚踩名牌皮鞋进入会场的时候，我的腰杆不自觉都挺直了一些。

领导调走后，将我推荐给总部，那里机会更多，收入更高。总部同事的着装风格和营业部也不相同，我又观察学习了一番。外婆让我只跟值得信任的人交心，于是，实习结束后，我只和非常照顾我的师父和两个姐姐说了真实情况，她们给予了我很多帮助。

与我同时进入单位的另一个同事，每天穿得邋遢，办公桌也脏兮兮的，每天下班都会灌一大瓶矿泉水带走，有一次还被领导发现了。有时候别人吃蛋糕，她要在旁边说："你真有钱，我可没钱，我可买不起。"部门领导私下嘱咐师父，重要谈判、大笔金钱往来的工作不要安排给那个同事，外部活动

你不必是一朵花

也不要安排她参加，因为领导担心她出去"丢人"，也怕她因为贪小便宜做出什么风险事件。师父说，她这样失去了很多机会。

后来，我又听说一个领导恣意压榨家境不好的员工，因为他知道这样的员工特别需要这个工作，怎样都不会轻易辞职的，所以怎么欺负都没事，对员工态度恶劣，提出很多无理要求，非常不尊重对方。而由于安排的杂事太多，没有自我提升的时间，这个员工几年来一直原地踏步，年龄一大，找工作又不顺利，就这样白白耗费了时间。

外婆总是很讲究，久而久之，人就浸染出一种贵气，就算她平时打扮得比较朴素，你也能感觉到她身上的气质和其他老人不同。我想起她时常教诲我的话——

"有些钱不能省，当然不是让你打肿脸充胖子，但正常交往要落落大方，与人头几次的交往决定以后的规则。"

"刻意哭穷是让人讨厌、得不偿失的，不要这样。"

"一旦你被察觉出颓势，别人就会有意无意轻视你，还可能借机欺负你，就算对方是好人，并不想欺负你、占你便宜，但是既然知道你窘迫，跟你交往就会有负担，比如该不该让你摊钱？看到他消费高会不会刺伤你？为了避免麻烦，干脆不跟你交往好了，这样无论怎么算，损失的都是你的机会。"

"弱的时候，就要借势，人靠衣装，以后你有了能力和底气，拿塑料袋都无所谓。"她的预言没有错，我成了领导后，真的背帆布包就去开会了，底气和神态气势已完全不同，再没有被保安拦住的事情发生了。

不知道你有没有这样的感觉，如果不打扮就出门，你会畏畏缩缩起来，如果打扮精致，你就好像真的自信了。在某些需要用形象助力的场合，使用一些好的物品可以带来不少便利。马克·吐温的《百万英镑》，讲述了一张一百万英镑的支票给一个流落伦敦街头的美国穷小子的生活带来改变的故事，其中就利用了心理借势的方法。

我们的灵魂栖息在身体中，身体又被衣物和饰品包裹，处于某个特定环境中，一层又一层的因素交织，最终构成了此时此刻的你。如果你感到自己的状态不好，没有底气，可以尝试把居住、办公的环境收拾得干净整洁，洗头洗澡，换个发型，好好搭配一下衣服，让自己的形象清爽起来，这样可以给自己积极的心理暗示。视觉是人类获得外部信息的主要感觉通道，眼睛是人类观察外部世界、表达内心情感的主要器官之一，绝大多数的外来信息都是通过视觉传递到人类大脑的。外形是我

你不必是一朵花

们的名片，你想向外界传递怎样的身份信息，都可以考虑在形象上入手。

一个人越觉得自己贵重，越有底气为自己争取，生活才越能变成自己想要的样子。不接受别人廉价的对待，不刻意拉低自己，不推开机会和好运，做真实、贵重的你。

第二个故事：精明与糊涂

爸爸常说："要把钱花在刀刃上。"他什么都舍不得扔，搬家时打包袋太多，引发邻居们议论"不知道多会捞"。那时恰逢他竞聘，这些流言被一些别有用心的人利用，虽然审查后证明他"两袖清风"，却仍然错过了晋升的机会。单位发水果，他总让我们从最烂的开始吃，第二天又有烂了的，于是我们一直吃烂水果，全家拉肚子。

像我爸这样的人不在少数，他们在小钱上精明，水电费精打细算、不舍得吃穿，节约一辈子，意识中存在深深的思想烙印：吃苦光荣，享受可耻；大钱糊涂，投资自己不了解的项目，买保健品、在旅游景点购物一掷千金。

"要把钱花在刀刃上"也不是没有道理，但是必须有辨别什么才是"刀刃"的能力。如果一个人没有驾驭金钱的能力，他就容易被忽悠，落入陷阱。可以把金钱比作一种能量，没有足够的引力，千辛万苦节约的钱可能会被其他力量吸走。

曾读过一本小说，主人公在落魄时，依然会少量使用高档物品，以此来提醒自己的价值。当时我处境窘迫，但在超市千挑万选，买了一只高档牙膏——在此之前都是买最便宜的牙膏。一段时间后，我发现了奇妙之处——

每天两次给自己注入信心："我也可以用好东西。"还促使我每天充分仔细地刷牙，之前会草草了事，算下来每天的成本不高，但换来了好心情和好习惯，对花钱也没有了负罪感，取而代之的是感恩：感谢你们带来的好感觉！

让自己置身于喜欢的事物中，使每个可爱的物品都有一个独特的故事，具有疗愈作用，可以换来更多心灵能量和使用价值，每天被"我在精心照顾自己"的情绪包裹，就是在用自己内心的力量重新构建能量场。这也是重新养育自己的方法。

第三个故事：越穷养自己，越容易被骗

外婆晚年略带得意地说："我这一辈子，从没被人糊弄过。秘诀是——富养自己。"

你不必是一朵花

穷养自己的人在人际关系中会不自觉低人一等，别人对自己好一点就感动不已，对别人的光环有滤镜。外婆一直对自己很好，舍得让自己多经历，总说"这算什么"或"我自己有钱买""我自己会去"。

客户经理怎么劝她买理财产品，她都说自己不懂，只存定期。

别人怎么忽悠她投资，她只问一句"那你赚什么钱呢？"转头劝诫我，真能赚钱他怎么会告诉别人，谁会嫌钱多？

对于拿不准的事情，她会多方询问：找有公职编制的人问、拨打市长热线、找小辈商量，等等。

有人向她推销保健品，她就上医院挂号，问医生："这个东西有用吗，值得买吗？"

骗子打电话来，她转头跑到楼下派出所问警察："真是这样吗？"

人若自身能量不足，认知不够，世间陷阱、骗术千千万，**容易被骗的地方就是你执着的地方，也是容易使你痛苦的地方**。自卑反而容易自负短视，想以小博大，不愿踏实付出。自我亏待会生出空洞，骗子会趁虚而入，能量不注入自己体内就容易被他人吸走。

对自己足够好，内心踏实满足，才更容易有长远目光，终生浪漫，优雅到老。

第四个故事：不拧巴的交往方式让人轻松

外婆很注重仪式感，即便表弟和我只是小学生，她也会在节日让我们提议想去哪家饭店吃，她尊重每个人的想法，有时候一顿饭甚至会转场吃三个店。一次，我和表弟在肯德基分别点了自己想吃的套餐，而外婆打算一会吃淮扬菜。外婆看表弟吃得香，来了兴趣，提出想吃个鸡腿（我的套餐没鸡腿），表弟护住他盘子里的鸡腿说："你想吃自己再去买，分给你我就吃不饱了。"

我当时有点紧张，因为如果敢跟我爸这样的人说这样的话，立刻就会有一堆"不知感恩、不孝"的帽子扣过来。但外婆只是笑笑，转头给自己也买了套餐，大家吃得很开心。

我回家之后，问外婆为什么不生气，外婆说："我想了下，儿童餐份量少，如果我吃了，他确实吃不饱。让孩子饿肚子来满足自己的要求，这是什么道理？既然我想吃，干脆买个套餐好好尝尝，又不是买不起，为什么非要委屈自己或委屈别人？"

你不必是一朵花

因为父母严禁我在读书时打扮，我工作后就不太会搭配衣服，常买些"奇怪的东西"（外婆评价），穿起来不好看，还浪费钱，这时我就邀请外婆陪我挑衣物，帮我搭配好。但每次都要提前预约，因为她出门也要化妆打扮，有自己的日程安排。我会提前去接她，她陪我挑选完之后，不会帮我付钱，虽然常会送我礼物，但"一码归一码"。送我的，是送的，我买东西，就要我自己付钱。而且请她出来帮我的忙，购物完毕，我必须请她吃饭，而且要吃她喜欢的东西，当然，她也不会挑我负担不起的餐厅。

同样，她喜欢但不知去哪买的东西，也会大方地告诉我，让我帮她买，并会给我钱。我送给她的礼物，如果她喜欢，会高兴地收下，如果不喜欢或用不上，也会直接说，让我拿走给别人用或退货。跟她相处很轻松，她自己开心，也让我对自己充满信心。

外婆说："我的审美很贵的，是花了我的时间和金钱浸染出来的。没有任何人的帮助是理所应当的。你需要别人的帮忙，证明你认可对方（能提供的价值），别人帮了你就该心存感激，也要大方地在有条件的时候给予回报，这是对别人也是对自己的尊重。别人有能力帮助我，我也相信自己值得帮，即便现在没能力，也记在心里，相信自己以后一定有能力回报。"
阿德勒认为：人际关系既是烦恼之源，也是幸福之源。

每个人都希望自己是好的，这是人性的基本动力之一，夸奖别人是顺势而为。真心的夸奖不是空洞的恭维，表达自己对具体的事、做法、物品本身的欣赏，往往会起到意想不到的效果，更易减少误会，让积极的能量循环。这种循环会带给人温暖和感动。当我们夸奖他人时，我们并不是想要什么经济回报，而是希望自己的付出能够被看见，这会带来珍贵的自我价值实现。

我是在封闭的小城市厂区里长大的，五岁时第一次见到电梯，迟迟不敢上去。

外婆直接走了上去，转头看我和妈妈没有上来，于是又下来。妈妈想把我直接抱上去，被外婆制止了。她鼓励我自己乘电梯。在当时的我眼里，滚动的台阶履带稍有不慎就会把脚夹住，非常可怕。电梯管理员不停地催，我很慌，匆忙站上去，外婆紧随其后。

我依然踩到了边缘线，后仰带倒了外婆，我们都摔破了皮。外婆没有怪我，简单处理之后，她依然鼓励我自己站上去。我终于学会了乘坐电梯，外婆很高兴地说："你今天又学

你不必是一朵花

会一个新技能——乘电梯。你看我很轻松地上去了，那是因为我之前学过。你以后会遇到更多没见过的东西，别人好像习以为常很熟练的样子，那是因为别人之前见过。不要因此觉得自己低人一等。每个人都有自己没见过的东西、没经历过的事情，任何事都有第一次，学会了就和别人一样。"

后来我发现，外婆也有很多没见过的东西，但她总是大方礼貌地询问，然后带着好奇去尝试，每一次都获得了愉悦的体验，而并没有因此遭到白眼或嘲笑。人际交往中决定对方态度的，往往不是具体的事，而是你表现出的状态。这是一种非常微妙的信号，会被对方迅速捕捉到，是一种根植于动物性本能的反应过程。如果你大方询问，气场淡定，对方往往不敢小觑你，不会大惊小怪，甚至更乐于帮助你。但有时就是因为我们拧巴的状态被对方捕捉到，对方才觉得可以对你嫌弃鄙夷。

看到过一句话，说得特别好："拥有怎样的气场决定你在别人心中的价值，这种价值不能通过金钱来衡量，它往往和尊重相联系。"

玩得越好，人越自觉

"活一天，就要快乐一天。"这是外婆的人生信条，她经常说起这句话，也很重视玩。

"我相信你"

我们在她家住的时候，要自己安排时间完成作业。她只会问我能完成吗？如果我说"能完成"，她会说"我相信你。"但是，如果我不能完成却撒谎说能完成，那么她会用她的方法让我记住，并且不敢再犯。因为她脑子里有太多灵活的点子了，我和表弟在她面前就像如来佛祖手掌上的孙悟空一样，根本逃不出她的掌心。如果不是由于撒谎，是有其他原因才

你不必是一朵花

完不成作业，她会跟我们一起找出解决问题的办法，所以我们的"信誉度"一般都很好。

爸妈不在家时她来照顾我，我想请假，她会问："缺课能跟上吗？"我说能。她还是会说："我相信你。"如果我有任何需要帮助的地方，都可以向外婆求助，她总会帮我想办法。在她眼里，学习、休息、玩都很重要，只要能平衡好，就可以自由分配时间。人往往就是这样，别人越相信他，他对自己就越负责。表弟也一定写完作业才会出去玩。

外婆说："小孩越被打压，反叛意识就越严重，越不让玩，就越不愿学。"

"要会玩"

外婆总说自己是"吃客大玩家"，这个称呼在我家是极高的赞誉，只有非常会生活、懂美食，为人和善又有趣的人才能被我们冠以这个称呼。但我并不觉得外婆这样说是自夸，因为她名副其实，她在 20 世纪 90 年代初期和几个朋友组成了一个探店团队，哪里有饭店开业，她们都去尝试，记录下来，分享给亲戚朋友。外婆的生活哲学就是"有意思"。

后来我读到《上海的金枝玉叶》一书，书中上海永安公司的郭家四小姐黛西拒绝了家中许诺的婚约，要享受生活与爱情的乐趣。她说："我不能嫁给一个会和我谈丝袜结实不结实的男人。No fun。"我突然就想到了外婆一直挂在嘴边的"有趣"。没意思的人生是不值得过的，没意思的人也是不值得交往的。外婆之前学会了弹奏风琴，上女校，英文却很差，后来更是几乎忘光了，估计就是她偷偷逃课出去玩的缘故吧。

她总能知道哪家饭馆的什么菜最好吃，哪里有展览，哪儿有演出，哪儿有字画集，哪儿的花开了，带我们去公园欣赏景色变化，走很多路品尝美食，也会陪表弟观察蚂蚁搬家。我至今还记得那天穿着雨衣，在湖心的亭子里听雨打在荷叶上的声音，此刻闭上眼睛，那清新的香味和感觉依然清晰可辨。

我们经常买时令吃食，挑选一个电影，在电视机前放几个凳子，铺满吃食，边吃边看，大家叽叽喳喳地讨论。在说起好笑的事情时，大家笑成一团坐在地上，完全不用顾及形象，因为"有趣就好了"。

至今仍然记得，外婆86岁那一年，我们全家一起去公园玩，在一排拿着刀枪棍棒的古代武士雕塑前，外婆说她想拍

你不必是一朵花

一张照片。当我拿起相机时，全家爆发哄笑，只见外婆慢慢举起了自己的拐杖，用拐杖当武器，模仿后面武士的动作。看到这一幕，我笑到肚子疼，连旁边的路人都在笑。外婆却毫不在意，自己也笑得很开心，得意地问我："有意思吧？"

"要认真玩"

幼年时，外婆把一间次卧开辟成游戏室，在地上铺上席子，让我们可以自由地玩玩具，而不会有任何人打扰，完全沉浸其中。外婆禁止其他人在我们的游戏时间进入这个房间。后来我读研究生的时候，一位导师是做感统训练的，他在我们实习的时候曾经说过，如果孩子玩的时候被大人不断打断，会影响他们的专注度，可能会给未来的学习带来一定的麻烦。2013年我养了一只小狗，我发现外婆在陪小狗玩的时候，一次只给小狗一个玩具，她说玩具太多小狗就不能集中注意力，我当时的感受是，外婆果然是个高级教师，她真的很懂教育。

读书后，外婆更是给了我们非常多玩耍的自主权，这让我们必须考虑：我的作业是不是做完了？提心吊胆地玩可不好。怎么样才能玩得更好，更尽兴？我要带什么饮料？用什么零食配这个季节的景色？这都要自己考虑、自己准备。

玩，就全身心地投入其中。

"要抓紧时间玩"

今天下的雪，明天可能就融化了，今天不去看花，明天可能就凋落了。树叶经过许多天的成长，经历许多骄阳寒冷，才变幻出独一无二的纹理色泽，慢慢地，又组成了一个秋天。天上的月亮每天都是不同的。这些造物主完美的作品，这些亘古不变的日月星辰，抬头看它们的时候，难道还不算一种奢侈吗？一些独特的景象是转瞬即逝的，只有意识到这些随处可见之物的珍贵，你才会产生敬畏之心。我们每天对它们熟视无睹，并不是因为它们的廉价而免费，恰恰是因为它们太过珍贵而无价。在欣赏和观察中，你会更加深刻地感受到当下的珍贵和绚烂，产生"时不我待，今日事需今日毕"的感受。

有一次我逛得太开心，导致第二天腿疼，就不想上体育课。跟妈妈说了，但她拒绝给我签假条："为了逛街请假，哪有这样的道理？"外婆直接给我签了："玩得高兴，都是锻炼，走路和跑步，有什么分别？"

大学时我逃了很多课准备竞赛参加实习。她笑着和我分享她如何绕过家里来接她的车夫，逃课出去玩的故事，并说

你不必是一朵花

"你还应该逃课去恋爱""不要留遗憾""心里满足了，学起来更有劲"。

　　看来，学会怎样玩，很重要！一定要给自己玩的时间呀！

为什么不会享受，就不会工作？

外婆有个习惯，天冷了就立刻要添衣。听起来好简单的一件事，我却做不到，总是给自己找借口：就在楼下遛弯，算了；手头上的事正好做了一半，再忍一忍；走几步路就到室内了，又穿又脱好麻烦，别穿了……

很多人说外婆矫情、事多，甚至有时候因为确实有急事，外婆还是坚持要添衣服、喝温水之类的，别人就会有些怨言，但外婆不管，还是坚持做自己。

上幼儿园时，外婆给我一个她的黑色零钱包，让我自己买一些喜欢的东西。有一次我在大院里的小卖部买东西，被邻居奶奶看见，呵斥我，然后把钱包收走，带着我去找外婆——她以为我偷了外婆的钱包。外婆把钱包收下后转头又给了我，只是叮嘱我看见隔壁奶奶时就别买东西了，这位奶奶年龄大了，你也说服不了她。而这份小小的自由却是我幼年时非常美好的回忆。

小学后，我开始非常期待自己生病，这样父母就不会对我太过苛责。父母对我学习的要求非常高，测验成绩稍微差一点都能引起他们的怒火。于是我就常常生病。但寒暑假在外婆家，即便被她无比粗糙地放养，我也长得白白胖胖。

有一次外婆在我家，我偷偷跟外婆说："阿嬷，我好想生病啊。"外婆很奇怪地问："为什么会想生病啊？"我说："我好想休息。"外婆说："你现在就可以休息啊。"我说："不行的，爸妈不会同意的。"

外婆叹了一口气，因为她知道自己只能维护我一段时间，她也总要回家的。她让我看着她的拖鞋，我看不出有什么，她笑眯眯地说："我的脚在鞋子里动啊，可是你看不见。你只能看见我好好地站在这里。只要你给他们一个好看的成绩单，中间你怎么学，不用都让他们知道。"

于是我开始给自己一点"自由"，比如听完英语偷偷听一会音乐，偶尔看一会"闲书"。这样我觉得自己快乐多了。

多年前，我的第一个来访者咨询时曾说："我走在路上，非常期待被车撞，这样就可以休息了。"我问："那现在为什么不可以休息呢？"她的回答是："因为我不应当休息！"

"应当"是我非常熟悉的词。需要一场疾病甚至意外，来作为自己安心休息的理由，我仿佛看到了小时候的自己。

我们生活在现实之中，不可能超脱社会而存在，比较无处不在。学业、事业、家庭成功是人处于金字塔尖的状态，要付出很多才能达到。正因此，享受是非常重要的事。努力勤奋，不是就要亏待自己，竭泽而渔。压迫自己，很容易反弹，不可持续。在东亚文化中，享受往往是不正当的，享受时人们会心存忐忑。但人的生存需要耗能，只有不断蓄能，才能应对持续耗能的状态。因此我们每天都要坦然去享受，像工作一样自然。

你要像对待稀世珍宝一般对待自己：买新鲜营养的食物，认真品尝美食；出去旅游时多尝试当地特色，尽情领略景色，不要太吝啬，人生机遇无常，不知何时才能再来，也可能永不再来；冷了穿衣服，热了开空调；随身带杯子，及时补充水分；穿舒服、质量好的衣服，让自己从内而外地舒适；找到自己喜欢做的事，每天给自己时间尽情地、毫无负担地、全身心

你不必是一朵花

地享受它；真心喜欢的东西，有条件就买，没条件就攒攒钱再买，不要用便宜、质量不好的东西糊弄自己……

哪怕学业和工作再紧张，我都会抽出时间去公园散步，欣赏夕阳，抚摸树叶、花瓣；泡脚时倒点入浴剂，放轻音乐；喜欢在窗边的沙发上看书，微微的风吹起衣衫书页，知识像溪水般缓缓流淌进脑海，与灵魂亲切联结；调动每一个毛孔去感受大自然慷慨的馈赠，并将美好的瞬间珍藏在自己的记忆之中……

如果一个人总是亏待自己，就容易疼痛生病，影响生活质量。如果总是委屈自己，就要花大量能量去平复心情。这些损耗没有一样是免费的，它其实早已暗暗标注了价格。

请尽力照顾自己，让自己健康、舒适和快乐。对自己坦诚，不要欺骗自己。成为温柔而有能力的成年人，用心呵护自己内心的孩子，给自己多一些宠爱，珍惜生活的每一刻，记住每一个值得记住的感觉。请理直气壮地享受，因为：

我们需要积攒足够多的光芒和美好，去抵御生命中那些不可避免的黑暗和艰难。

学会欣赏自己

外婆有一个好闺蜜 C 奶奶,今年 100 岁了,依然身体健康,生活能自理。她俩性格完全不同。C 奶奶属于泰山崩于前而面不改色的那种人,凡事不往心里去,喜欢体育锻炼。外婆则爱憎分明,是远近闻名的"东区霸主",讨厌锻炼。她俩有时一起吃饭,一起弹琴唱歌。一年夏天,C 奶奶一人在家被开水烫得很严重也不在意,直到被其他人闻到臭味才发现她的腿已经溃烂,清创切腐肉时她都笑说没怎么感到疼。

有一次去 C 奶奶家吃完饭,在回来的路上,我问外婆,会不会羡慕 C 奶奶,什么都不在意,什么都不往心里去?我是很羡慕的,因为我和外婆的性格很相似,都是感知力较为敏锐的

你不必是一朵花

那一类人，但外婆似乎并不觉得这种敏锐会让自己疲惫，不仅积极及时应对自己的事，还喜欢帮其他妇女、小孩打抱不平。

外婆有很多化解情绪的方法。也许恰恰是因为她敏感，才能时常觉察到外界的恶意，才会去不断学习如何应对，进而总结出那么多方法。C 奶奶也经历很多苦难，却没有跟她的孩子传授一点方法，因为她非常"钝感"，什么都不当一回事。在当时的我看来，完全没有感受到伤害和感受到伤害再处理相比，总是前者更显得轻松舒适。

外婆却非常奇怪我为什么会这样想："你要是一直往上盯着，永远都有比你优秀的人，那样你永远都是最差的一个。如果世界上只有一种花，就不好看了，世界上只有一种人也是没意思的。每个人的性格都不同，遇到的事、人生机会都不一样，怎么能要求自己和别人完全相同呢？别人有优点，我也有自己的优点啊。再说，所有东西都有两面性，打动 C 的门槛很高，虽然少了很多不好的感觉，但也少了很多美妙的感觉，我自己的感觉更丰富些。知道自己是怎样的，尽力做好能力范围内的事，就能找到适合自己的处事方法。"

她一直都很自信，很喜欢自己。由于缺钙，她老年后骨质疏松，个头一直在变矮，最后甚至缩到了 1.38 米，她体检回来居然笑着说："我怎么'浓缩'了？不过 1.58 到 1.38，还有一个'8'，还好还好。"甚至自豪地说："娇小的女孩子也很受欢迎呀，周旋还是大明星呢，我中学时候号称'小周璇'，很有名的诶。"外婆之前的同学大多来自旧上海的权贵之家，外婆的家境在其中并不算出色，穿着打扮在同学中也只能算朴素的，学习成绩也并不优异，偏科严重（数学不好），但外婆就是很自信，欣赏他人，也喜欢自己。

我们的心绪往往会因为外界的评价而波动。但是，谁又有权利去评价甚至定义我们呢？

人类的悲欢并不相通，语言、利益、身处立场的差异，人心难测，平等缺失，使"懂你"变得非常奢侈。有些不懂是偏差导致的，每个人的想法、成长经历不同，沟通必然有不畅之处。有些不懂是故意不懂，你的感受对他来说一文不值，而有些人说你不好，未必你就真的不好，或许只是不符合他们的期待罢了。

从更宏大的视角来看，自然界不谈强弱，只谈适合。强弱是人类的概念，自然界考验的则是延续能力，比如兔子一定弱，老虎一定强吗？老虎成为濒危物种，兔子却很少有绝种的危机。在亿万年进化过程中，多少"强者"早已湮灭。人类也只是进化中的须臾，我们自身、评价我们的人、评价本身都将成为过去。所以，我们能抓住的只有有限的此刻，如果不抓紧时间，尽力过自己喜欢的生活，那么"此刻"也将不断逝去。

我们总是过度关注未来那个宏大的目标，又过于轻视一个个微小的现在。人都有局限性，苦苦纠缠于"为什么不能"没有意义，只会徒增烦恼罢了。对于在能力范围内的事情，需要我们立刻着手应对；对于能力范围以外的事情，你再烦恼都无法改变。

所以，**不必追求意义，因为我们就活在意义之中。不要去做其他人，其他人都有人做了**。请尽力做好自己，做那个独一无二的自己！

"苔花如米小，也学牡丹开。"希望你在欣赏他人的时候，也不要忘记说一句"我也很不错，我也有很多优点！"

第 5 章

人际交往，轻松相处

君子和而不同

外婆非常注重身体健康，身体不舒服了立刻就去医院。但有些老年人常买的保健品，她几乎没买过，征求了医生的意见后才去正规药房买一些营养品。有些老人对此很不理解，觉得她因为一点小毛病就上医院，太矫情。

外婆说："他们怎么想是他们的事。小病及时瞧医生，比拖成大病再治更省钱，我做不了什么大贡献，照顾好自己，孩子们才能好好工作，也是我为家庭和社会做贡献了。"

外婆从小习惯看中医，每年冬夏两季都会去中医院，她会根据自己的身体情况，针对性地采用一些灸贴法。弟弟一直接受正统的西医教育，总希望外婆去看西医。于是，外婆便去仪器先进的医院做体检，但看病还是找中医。她说："人总是更信任自己熟悉的东西，这没啥好争论的。无论哪个方法，只要自己觉得好就好。管好自己，不要强迫别人。"

我不舒服的时候总为了起效快去看西医，听她这样说，反而对中医有了兴趣，也去中医院挂了号。老中医一搭脉，就像神算子一样说出了我最近的饮食、睡眠、精神状态以及哪里不舒服，详细地解释了我为什么会不舒服，这个中医看病的过程一下把我征服了。更神奇的是，吃了药之后，起效也并不比西药慢，完全颠覆了我之前的认知。

我的博导也说过类似的话："有些咨询师总执着于自己是哪个流派的，每个流派的方法都有可取之处，应该广泛学习，重要的是效果，不是流派。只要有效，就可以为我所用。"

外婆年老时住在舅舅家，我常看到一些有意思的场面：外婆吃饭时不断热汤，确保喝下去的所有液体都是温的，表弟则不断往杯子里加冰。两人用热汤和冰水干杯。秋天，表弟穿塑料拖鞋，外婆穿包跟棉拖，两人出门时都会帮对方把拖鞋放整齐。煮饭时，表弟要吃干点、有嚼劲的，外婆想吃软糯的，外婆把电饭锅的一角用塑料片垫起来，这样水位一边高一边低，一锅煮出来两种饭。外婆吃食疗方，表弟吃炸

你不必是一朵花

鸡腿，两人偶尔尝尝对方的。表弟感冒也喝中草药饮，外婆止疼也吃布洛芬。

子曰："君子和而不同，小人同而不和。"就是说，君子可以与他周围的人保持和谐融洽的关系，但他对待任何事情都有自己独到的见解，不人云亦云，盲目附和；小人则没有自己独立的见解，虽然常和他人保持一致，但实际上并不讲求真正的和谐贯通。

为什么很多家庭中总是争吵不休，也有些家庭表面和谐，其实是以一方的巨大牺牲、隐忍退让为代价的？有些人完全不接受商量，一定要别人按照自己的想法行事，还会站在"为你好"等道德旗帜下将自己的行为合理化。

有些人毫无底线不停退让，直到退无可退，情绪全面爆发。弗洛伊德曾说，未被表达的情绪永远都不会消失，它们只是暂时被"活埋"了，有朝一日会以更丑恶的方式爆发出来。这些表面的和谐下实则暗流涌动，这些负面情绪会损害隐忍者的身体，也可能慢慢积累直到最后爆发，这也是为什么经常有人会说老实人发怒特别可怕。很多人本就活得辛苦，回到家还要面临纷争不断，一辈子或吵吵闹闹或冷战僵持，时间就这样过去了，回首往事的时候才觉察时间被白白浪费了。

　　如果不想白白浪费时间，我们就要具备思考和判断能力，明白自己的核心诉求是什么，与他人的边界在哪里，这样才能做到求同存异。

你不必是一朵花

尊重他人，不要让他人介入你的心

外婆结婚前，父母给她购置了四层楼的公寓作为嫁妆，她用它开设了一所夜校，教女工识字，提升职业技能。她带头反抗家暴，保护了很多逃家的女人，给她们提供庇护，让她们学技术找工作，退休后还在为此事奔走，直到走不动路才停下来。

然而，外婆的热心帮助结果并不都尽如人意，有些女性还是会回到原来的家庭，甚至说"她们那么劝我我都不听，还是回来了"来向家人邀功。有几次遭遇这类事情的时候，我恰好在外婆家看到了，我以为外婆会很生气，但是她没有。别人告诉她，她只是淡淡地"哦"了一声，然后继续做她的事。

不过，这样的人下次再来求助时，无论表现得多么可怜，外婆都直接拒绝了。她的字典里从来没有"算了"一词。外婆婚后去外地工作，将房契交给二哥保管，没想到却被变卖，讨要无望后，她果断跟二哥不再往来，没人敢在她面前用"原谅大度"进行道德绑架。校长曾克扣她的工资，使用手段把她调去学生最难管理的技校，外婆通过锲而不舍的努力拿回了自己的待遇和工资。校长后来在"文革"期间被批斗，很多老师跳出来细数罪状，她却没有落井下石，以身体不好为由请病假在家，别人找上门问时，她说她记不得了。

外婆这样解释："**不要过多介入他人的因果，也不要让他人介入你的心**。人最重要的是建立属于自己的一套规则，只要自己认为是对的，就去做。只有做了，回头看时才会知道，这样有用，那样是错的，错了就改，有用就继续，这不就是成长吗？"

在人际交往中，最累人的不是真正去做什么事，而是揣摩再三，思前想后，摇摆不定。我们的精力有限，就要省着集中用在最值得的地方。做不做，值不值得，是自己的事。我们只能管好自己。结果如何，别人怎么看，是他们的事。

在没有或根本无法做好课题分离的关系中盲目同情对方，

你不必是一朵花

是一种自毁。不管你同情谁，都会不自觉背负起对方的命运。谁痛苦谁改变，想让他改变，要先让他去承受痛苦的结果。不要背负他人的人生与命运，特别是在你羽翼未丰的时候，凡事量力而行，不要把自己拖下水。如果盲目帮助别人而得不到回报，你会感到委屈，感动了自己，却也伤害了自己。

其实，可怜之人必有可恨之处。有的人是叫不醒的，你要把成长的权利、历练的机会还给他们，尊重他们的选择。每个人都有改变和不改变的自由，都决定着自己最终的命运。

我曾因工作上的事，跟外婆抱怨同事。外婆说："很多人受到的家庭教育是不完善甚至不正确的，自己又不学习进步，认知非常局限，与他争论，无异于与夏虫语冰。"

于是我说："那我应该宽容，不计较。"

外婆说："你又错了，理解其他人的局限，是为了放过自己，让自己舒服。与自己利益无关的人，不必与他争论，但如果忍让使他得寸进尺，就勇敢回击，杜绝下次再发生同样的事情。他的狭隘无知不是你造成的，不是开脱的理由，人都要为自己的错误负责。

"在各方需求中找到平衡，是具有挑战性的事。你要清楚自己想达到的目的。如果这件事会影响你，那么指望别人主动改变认知，基本是不可能的，实质上是你自己想偷懒罢了。别人不改变，你就生闷气，有什么用？你想顺心，就要主动想办法。"

我收到很多粉丝的私信，他们也在纠结同样的问题：别人为什么会那样做，那样想？

著名心理学家荣格在离世前说："你连想改变别人的念头都不要有。作为老师，要学习像太阳一样，只是发出光和热。每个人对阳光的反应不同，有人觉得刺眼，有人觉得温暖。种子破土发芽前没有任何迹象，那是因为还没到时间。永远相信每个人都是自己的拯救者。"

2019 年的诺贝尔经济学奖授予了贫困问题研究学者，他们在书中指出：穷人对超出认知的东西充满执拗和偏见，习惯于按直觉和情绪去理解事物。很多人也许经济上不贫困了，但思维依然没有跟上发展，这种穷人的认知方式严重限制人的发展。不要用他人的无知惩罚自己，每个人来到世间，都是要靠自己修行的，不要过多地去介入他人的因果，承担他人应承担的责任，因为那样其实也剥夺了对方成长的机会，降低了对方的抗风险能力。

没有人能让所有人都喜欢自己，特别是当你想活得洒脱时，必然需要打破某些桎梏。即便你做得再周全，也一定会有人讨厌你，甚至这份讨厌跟你本人都没有太大关系，对方只是为了发泄自己不好的情绪罢了。现实中，我们往往不得不面对一些不好的人和事，无法逃离，无法回避。这时我们很难完全不受其影响，但如果全盘接受，就会产生不安和自我怀疑。

此时，自我调节非常重要。"有心者有所累，无心者无所谓。"太在意他人想法，那些难听的话、讨厌的人和事，就会带来更多烦恼。如果你不在意，那些难缠的人、难听的话就会像清风穿过虚空，什么也留不下来。把自己看得空无一物，就没有任何人、任何事可以伤害你。事情发生了，就过去了，时间是不能停留的，而你的烦恼是在风吹过之后，你从反复的回忆中召唤回来的。我们很难控制外界，大到时代变迁，小到他人的想法。当遭到来自外界的攻击时，如果你苦苦纠结，痛苦就会像有毒的藤蔓一样越缠越紧，让你枯槁力竭，不如放松下来，痛苦也许会飘散无踪。

召唤什么是我们可以控制的。我选择尽力召唤那些可以吸取养分的部分，放过那些自我苛责和攻击的部分，选择珍藏温暖和感动，绕过狭隘和黑暗。

《六祖坛经》中说："前念著境即烦恼，后念离境即菩提。

世人有八万四千尘劳，若无尘劳，智慧常现，不离自性。"以我当时的智慧无法参透的局，时过境迁，能够意识到它是无解、不可避的，放过自己，不再懊恼悔恨，这也是成长。

意识到，就得智慧。

跳脱出，就是圆满。

过于较真，没有意义

外婆是个内心世界非常丰盈的人，坦荡中又带有一点俏皮和狡黠。有两件事，我时常会回想起来，细细品味一番。

舅舅离婚后和弟弟住在外婆家。妈妈与爸爸当时供职于大型国企，福利极好，水果、糕点、汽水发个不停，时不时大包小包托人带东西去，司机总戏谑"又搬家啊"。

一年暑假，我住在外婆家。中午外婆、表弟与我都要午睡。有一天我迷糊中发觉表弟不见了，眯眼一看，是舅舅把他叫了出去，从柜子顶端拿下个纸箱，从里面掏出一罐汽水悄悄给他喝。看到这个情景，我心里五味杂陈，因为爸妈每年夏天都把厂里发的 80 瓶汽水一瓶不少地送来，外婆把汽水都放在床底，而且我们每天都喝。柜子顶端的汽水是哪里来的呢？为什么舅舅只给弟弟一个人喝呢？当时虽然年纪小，但我隐约感觉到这是不可以直说的事情，一天舅舅带弟弟出门，我就把这件事悄悄告诉了外婆。

外婆思考了一会，按她的身高是无法直接够到柜子顶的，于是爬到桌子上，再拿下箱子，把里面所有汽水都打开倒进下水道，然后把空罐子放回纸箱，再放回柜子顶。外婆的做法让我惊讶，心里暗自可惜那些汽水，当时外婆脸色并不好看，因此我也不敢劝阻。外婆看我呆呆的样子，跟我解释："汽水喝多了对你们并不好，你们平时喝的已经够多了，影响胃口，饭吃得少，容易长不高。**语言不是唯一的沟通方式，让对方知道，你知道这件事且这件事让你不高兴了，就行了，不一定非要当着对方面争个谁对谁错。**"

后来一切都很平静，我开始隐约明白外婆对这事的处理办法十分巧妙，因此也没有告诉任何人，包括我的妈妈。成年后，我常常想起这件事，一则，很多事都处于"说了矫情，不说委屈"的状态，难以拿捏。大家庭之中的人际关系较难处理，外婆成长于姊妹众多的家庭，家里还有各种佣人，管理起来难度很大，外婆跟随高祖学习了很多为人处世、处理家庭矛

你不必是一朵花

盾的方法。二则，如果外婆直接找舅舅谈，似乎是没有照顾对方的颜面，偷偷给自己的孩子一点汽水，这件事说大不大，但说出来显得兴师动众。三则，这事偏偏又被我看到了，外婆如果装糊涂，可能会伤害到我，我一气之下，也许就会告诉自己的父母。如果当时我告诉妈妈，她可能会多想，也可能难过，家人之间相处又可能会变得尴尬。如果被我爸爸知道了，那么我妈妈再把东西往娘家送，爸爸又会怎么想呢？

无论从哪个角度考虑，外婆当初的处理都显得非常巧妙。既让舅舅知道她知道这件事了，给他一个提醒，但也不点破，没有伤害到彼此的面子，所谓看破不说破，可能就是这个意思。事后就算我告诉父母，我爸妈也不能说什么，还会佩服外婆处理问题的巧妙和公正。最后，至于汽水这个东西本身，也不是小孩成长必需的，喝多了确实不好，容易蛀牙，倒掉了也没有给我们带来什么不利影响，而且后来我和弟弟都被查出来缺钙，家人也不让我们喝汽水了。

汽水事件之后不久，又发生了一件事，外婆老年大学的同学请我们去她家吃饭。这位奶奶在老年大学表现得很热情，然而有人告诉外婆此人不地道。外婆从不会偏听偏信，还是正常与之交往，这次她请我们吃饭，外婆也提前准备了礼品，没有空手上门。由于每次跑腿妈妈都会检查我买的东西日期是否新鲜，我养成了看生产日期的习惯。我注意到奇怪的一点：我和外婆面前的饮料包装磨损陈旧，再仔细看，早过期了，而他们一家四口面前的则日期新鲜。我拉了下外婆的衣角，小声说了这件事。外婆不动声色，迅速确认一番，低声嘱咐我："饮料不要喝，你要看着她的孙子吃什么菜，才可以吃什么菜。"

回去的路上，我有点气愤，外婆居然还自顾自哼着小曲。于是我问："为什么不直接说出来，我们带了礼品过去赴宴，他们这样对我们，你居然没有发作，不像你啊！"

外婆继续笑眯眯地解释："做一件事情之前，先搞清楚自己想达到什么目的。本来咱们跟她家认识并不久，那能不能把她当朋友相处呢？就要通过事情观察她的为人，再做决定，今天这件事我倒觉得挺好，一顿饭就认清这人不值得交往。撕破脸，把礼物拿回来，然后回家？如果这样做，咱们回家还要重新烧饭，就要耽误咱俩看电视剧了，我觉得看电视剧比跟她计较重要多了。还要担心这样的人会不会小心眼，以后暗暗给我使个绊子之类的。何必要冒这个风险结仇呢？不如咱们不动声色，心里有数，以后远离就行，这顿饭又不是不能吃，她绝对不会害自己孙子的，那她孙子吃啥，我们就吃啥，饮料不喝就

你不必是一朵花

没事。

"慧极必伤，为什么要浪费自己的时间和精力去教育她呢？我没有义务教育她，为小事斗气不值得，伤害的是我们自己的身体。发火也好，争论也好，都是实现目标的方法，没有想好要达到什么目的就发生冲突，是很傻的。"

小时候老家有个叔叔出轨，几个亲戚知道后都帮忙遮掩。婶婶是从外地嫁过来的，一直操持家务付出很多。只有另一房的一个表姐看不过去，总劝这个叔叔。纸终究包不住火，在两人闹离婚时，表姐坚定地站在婶婶这边。后来大家族分家，叔叔躲着没露面，婶婶却冲在前面，跟表姐一家吵得不可开交，像完全忘记了之前的事。表姐怎么也想不明白。外婆很喜欢表姐，就劝她："你们念书考试养成习惯了，一定要搞清楚对错。可生活里哪会有个老师时时给大家判对错，也没有标准答案。把对错换成利弊。当初要离婚，婶子跟叔叔利益有矛盾，你是帮她争取利益的。但是，只要他俩没离，就还是一家，分家时若你家分得多，他们就分得少，自然要跟你争。当初你仗义执言，是为了公理。对方是否感恩，你无法保证，再纠结抱怨，她也不会改变的，浪费自己的时间，还影响自己的心情。你知道她是个怎样的人，想好以后怎么处关系，就行了。"

一次，某姻亲上门拜访，带了只炖好的甲鱼，说给外婆补补。当时甲鱼大热，爸爸的乡亲开养殖场，因此我家常炖甲鱼，妈妈一吃就说肉不对劲。外婆用手捏捏，又闻闻，说："应该死了有段时间了。"对方隔天又打电话来问吃了没有，外婆直接说："甲鱼不新鲜了，没吃。"对方解释："可能是放在塑料袋里，无心给捂坏了。"

挂了电话，外婆冷笑一声说："有时无心也可能是有心的。他们送 D 的东西好着呢，D 吃不了还分给我了些（D 当时还未退休，还在一单位的实权岗位上）。拿自己看不上的东西送人最讨厌，不如什么都不送。你让对方怎么处理这个东西呢？不但不承你情，还可能起到反作用。把别人当傻子的人，其实自己才是最大的傻子。"

对方总是在家族其他人面前装作一副对外婆非常大方的样子，透露送了许多珍贵营养品给她。外婆也没有生气，笑眯眯地说："是啊是啊。"后来家里螃蟹买多了，死了几只，外婆直接拎到那亲戚家。对方打电话来质问螃蟹怎么是死的。外婆笑着说："那肯定是去你家的路上放塑料袋里，无心给捂死了。"

想改变一个人需要花费很多时间和精力，还可能吃力不

你不必是一朵花

讨好，你觉得指出对方的问题是为了对方好，但对方非但不领情，还会恨你。于是我开始懂得"选择，而不是改变"的重要性。比事情本身更重要的是这件事对你产生了怎样的影响，过于较真会让人变得狭隘，不容易快乐。因此，我们不要把时间花在争论上，而要想想接下来怎么办。为自己的情绪负责，尽量让自己好过一些，掌控能掌控的，接纳不能掌控的。

"花半秒钟就看清事物本质的人和一辈子也看不清的人，注定是截然不同的人生。"

为何有时天道不"酬勤"？做得多错得多

在有些职场环境中"天道酬勤"好像失效了，有人特忙，有人很闲，忙的人却可能一辈子都只是小职员。哪里都有权责不分明的地方，都可能存在边界模糊的工作，这种工作你只要承担一次开了口子，后面这个事就可能自动归你做了，你要是不做，别人就会抱怨。这种工作接多了，老好人的名声传出去了，麻烦的工作会一件件自动派给你，论好处时却没你的，因为别人理所当然地认为不给你也不会闹。后面再拒绝，他们反而更讨厌你："之前怎么不说？流程全都被你弄乱了。"更可怕的是，对于用惯、好用的人，领导更不想让他们升职离开了。

对员工本人来说，做得多错得多，做一百件事情不出错大

你不必是一朵花

家也觉得应该，出一次错就会被记住。乱七八糟的事都要承担，这样越来越难以锻炼出自己的核心竞争力，没时间提升自己。

我发现，有的事外婆不较真，而有的事就反击。我不禁心生疑惑：为什么，反击的标准又是什么？

小时候，外婆鼓励我们看《动物世界》，有一次，她一边看电视一边对我说："你看，动物都知道要建立规则，标记自己的地盘。这是一种讯号——如果你进入我的领地，不遵守我的规矩，我就要反击了。因为生存环境危机四伏，所以动物需要建立一个安全的范围。打架一定要争出输赢，为什么？因为不彻底打败对方，对方心里不服输，一定蠢蠢欲动，后患无穷。

"人也是一样。如果这件事会开一个不好的头，即将形成一个对你有麻烦的规则，你就要直接拒绝、反击，最好一步到位，让对方下次不敢再来挑衅，这样你才能建立自己的规则。"

不知道你有没有过这样的体会？如果你到了一个非常干净整洁的环境中，手里有垃圾时会认真寻找垃圾桶，即使找不到垃圾桶，也会把垃圾随身带走，不愿意直接扔在地上。但如果你身处一个肮脏杂乱的地方，随手扔垃圾的心理压力就会少很多。美国斯坦福大学心理学家菲利普·辛巴杜（Philip Zimbardo）于 1969 年进行了一项实验，他找来两辆一模一样的汽车，把其中一辆停在加州帕洛阿尔托的中产阶级社区，而另一辆则停在相对杂乱的纽约布朗克斯区。他把停在布朗克斯的那辆车的车牌摘掉，顶棚打开，结果当天就被偷走了。而放在帕洛阿尔托的那一辆一个星期也无人理睬。后来，辛巴杜用锤子把放在帕洛阿尔托那辆车的玻璃敲了个大洞，结果仅仅过了几个小时，它就不见了。

以这项实验为基础，政治学家詹姆士·威尔逊（James Q.Wilson）和犯罪学家乔治·凯琳（George L.Keling）提出了"破窗效应"理论，他们认为，如果有人打破了一幢建筑物的玻璃窗，而这扇窗户又得不到及时维修，别人就可能受到某种暗示性的纵容而去打烂更多的窗户。久而久之，这些破掉的窗户就给人一种无序的感觉，在这种公众麻木不仁的氛围中，犯罪就容易滋生。人与人交往也是如此，每个人的言行举止、体态形象、气势状态无时无刻不在向他人传达信息，人们会根据这些信息决定如何看待对方，如何采取行动。《鬼谷子》有云："让己者，养人也。"意思是：过分谦让，是替他人保存气势。我们要保存自己的气势，切忌唯唯诺诺任人欺负，将潜在的冲突消灭于萌芽中。

如果是网络上或生活中擦肩而过的关系，那么当然可以一笑置之，因为彼此未来再无交集，但如果是未来交往比较频繁的关系，我们就需要思考如何经营彼此间的关系，建立自己的边界和交往规则。如果对方想要越界，或者已经有了冒犯的行为，我们要如何应对呢？

首先，不要生气，一生气就容易自乱阵脚，露出破绽被对方洞悉想法，进而处于劣势。每当外婆被冒犯时，虽然心中不快，但她的表情几乎不变甚至还能保持微笑，但此时她已经开始动脑筋想办法应对了。这样，她就早早抢占了先机。在反击中，她始终态度很好，甚至非常温和，说话做事不留把柄，让对方被修理了还说不出什么。

由于大部分需要我们应对处理的关系问题都是与经常接触的人发生的，我们不可以在还没有想好的时候直接爆发情绪，如果没有十足的把握，就可能因情绪冲动而口不择言，甚至行动过激，给自己带来麻烦，还会给对方留下把柄，甚至给你扣上"情绪化"的帽子。我们需要明白人际关系的运行规律，梳理出自己的秩序，并捍卫自己的底线。"成熟并不是看懂事情，而是理解人性。"

我曾是单位史上最年轻的中层领导，刚升职时偶然发现同事 H 和 Z 在背后造谣中伤我，当时到底还是年轻，我感到后怕和不解，因为她们恰恰是跟我关系非常亲近的同事。如果说 H 觉得我升职抢了她的位置情有可原，而同事 Z 和我岗位不同，没有任何竞争性，她中伤我又是为什么呢？Z 原是业务员，单位体检时查出了重病，手术后转为文职工作。当地监管部门对汇报材料要求很严，她常因为写不好向我哭诉，拜托我帮她写，我对她的遭遇非常同情，所以无论多忙，都会认真地帮她写，所以我实在想不通，她为什么要这样对我？

　　晚上我非常气愤地跟外婆说起这件事。外婆泡了杯热茶给我，问："如果绿宝石（乡下伯母养的绿眼猫，擅长捉老鼠）听到两只耗子在说自己坏话，它会不会生气？"

　　我不假思索答："当然不会，它会觉得好笑。"

　　外婆："那你为什么要生气啊？"

　　我一时语塞，无言以对。

　　外婆接着说："无谋无略翻不起浪，她们也就背后发泄情绪罢了。你已升职，这些小动作又被你发现了，不是正说明你比他们强吗？没必要跟不重要的人生气。"

　　我还是很委屈，说："Z 也太坏了吧，我帮她那么多！"

你不必是一朵花

外婆又笑："你总是无条件地帮助她，随叫随到，升米恩斗米仇，帮多了反而可能结仇。毛主席说过'战略上藐视敌人，战术上重视敌人'。在处理人际关系的时候，也是这样，我们要仰视人性，俯瞰小人。你要尊重规律，顺应人性，不要与小人置气，太把他们当回事，会拉低自己的层次。集中精力想想自己要怎么做吧！"

我思考再三，觉得原岗位已学不到太多新东西，且人际关系复杂，于是申请调岗。调岗后，Z又几次恳请我帮她写东西。我也曾想过先答应，然后拖延完不成让她临时赶稿或当众出丑，但我没有这样做，我直接坦荡地拒绝了她，因为"绿宝石"始终是一只猫。

"我是个好人"是人类的核心信念，人们绝大多数的人际交往都以此为基石。哪怕是做出无可饶恕的事情的罪犯，也会用某些理由说服自己，维护"我是有道理的，都是外界逼迫我这样做"的认知，无论那个理由在你看来多么荒诞和不可理喻。

不要让别人总是免费从你这里拿走好处。如果你总是不求回报地帮助对方，底线可能会越来越低，甚至开始接受一些不合理的请求。如果你帮习惯了，偶尔拒绝对方时就会出现认知上的不协调，恢复协调的内部压力就会促使你继续干下去或给予更多的帮助。一旦拒绝，就可能会动摇"我是好人"的信念，让人开始自我怀疑，我为什么拒绝他，之前那么多忙不都帮了吗？这次我为什么要拒绝呢？我变了吗？我是不是没有那么好了？这种内心的审判是如影随形的，无法逃脱，比任何法网都密集，比任何法官都严厉。

让人们先接受较小的要求，能促使其逐渐接受较大的要求，这就是心理学上的"门槛效应"。也就是说，当个体先接受了一个小的要求后，为保持形象一致，他可能一步一步地去接受那些更大、更不合理的要求。心理学家乔纳森·弗里德曼（Jonathan Freedman）和斯科特·弗雷泽（Slott Frazier）让两位大学生访问郊区的一些家庭主妇。其中一位大学生首先请求家庭主妇们将一个小标签贴在窗户上或在一个关于美化加州或安全驾驶的请愿书上签名，这是一个小要求。两周后，另一位大学生再次访问家庭主妇，要求她们在今后的两周时间里在院内竖立一个呼吁安全驾驶的大招牌。该招牌很不美观，这是一个大要求。结果答应了第一项请求的家庭主妇中有55%接受了这项要求，而那些第一次没被访问的家庭主妇中只有17%接受了这项要求。

你不必是一朵花

而一直受到帮助的人，如果这个帮助是他能力范围内可以回报的，就不会威胁到"我好"这个核心信念，不会对他的自尊和自我认知产生影响。然而，如果你的帮助太多，他无法回报，他的信念可能就变成"我怎么不如他？我没有他好"。这种感觉是很不舒服的，为了维护"我好"这个信念，他会开始找理由，比如，你赚钱的门路不正，因为他正直不阿才赚不到钱；你的机遇好，他时运不济遇到不公之事，凭什么你有那么好的运气？他不会找一个能威胁到他自尊的理由，比如自己不够勤奋，不够聪明，否则就不能完成他这个"合理化"的理由了，他的动机就是为自己不如你找借口，而不是去探寻真正的原因，从而针对性地来解决这个问题。

一个借钱太多而无法偿还的人，根本不想去赚钱还钱，因为他已经认定这是个不可能完成的任务，他只会希望债主消失，那么他的债也就消失了，威胁他自尊的人也就消失了。这就是人性。

这就是为什么许多借钱的结局会让人难过，多少友谊、亲情就是断送在这上面的。永远不要用利益去试探人性和感情，因为你永远都不可能赢。人在发誓的时候，很可能是真心诚意的，但随着时间的推移，状况会发生变化。我们既要相信当时当刻的真实，也需要防范未来可能的变化，不要考验自己，也不要考验别人。当遇到了重大的事件需要求助时，尽量不要去找自己给过恩惠的人，因为有些人会将求助看作需要偿还的债务，反而会推上一把，让债权人万劫不复，让债务直接消失，这反而可能是他内心真实而隐秘的愿望。

相信人，但不要相信人性。

你不必是一朵花

为什么你总是付出，没人感恩，还招人恨？

妈妈小的时候，外婆一直在郊区的学校工作，她十几岁就响应政策，作为知青被下放农村，吃了很多苦，因此思想、性格和外婆非常不同。妈妈乐于奉献，宁愿自己吃亏。虽然有时她也会觉得不舒服，但又总觉得为自己争取利益显得"小肚鸡肠"，怕别人说自己。

记得我小时候，有一次妈妈要去沿海地区开会，提议全家三人同去，开完会后顺便在当地玩一玩，妈妈的同事L也带儿子同去。我们没报团，去哪都是打车，我渐渐觉得不对劲，因为都是妈妈付钱，L从未付过。我跟妈妈提起这事，她严肃地批评我，说我不大气，反正我们打车也要花这么多钱，不过顺路带上他们。我又说:"那为什么吃饭你也不让他们付钱? L叔叔和他儿子还吃得比谁都多。"妈妈愣了一下,说我居然顶嘴,大人总有道理的,不要计较那么多,还说我小小年纪就学会了小心眼。

那个时候我感到很委屈,因为我说这些是因为心疼妈妈,她特别节省,布鞋破洞都是补了又补。有一次去给我买衣服,营业员盯着她鞋子上的破洞补丁看,她不好意思地把脚缩了缩,这一幕刺痛了我的心。她对自己那么抠门,为什么对别人却这么大方?那里物价很高,妈妈等于替他们花了很多钱,这些钱买一双新布鞋不好吗?同时我内心又非常疑惑:公平难道不重要吗?就算大度,为什么总是我们大度,不能大家轮流大度呢?外婆就绝对不会跟这样的人交往。况且 L 和妈妈只是一个厂的同事,没有业务交集,两家平时也并不亲近,我于是在内心给 L 打了一个"叉"。

读书时,我也有一个这样的朋友,大家一起出去吃吃喝喝时她总是找各种理由不出钱,问朋友们借钱,但都不还。等到我急着用钱向她要回的时候,她还大言不惭地说:"反正你也不用,我用一用怎么了?你就是在撒谎,你根本不需要用这个钱,就是为了要我还钱才撒谎,你是个大骗子。"听到她的话,我感到非常好笑，因为这样的人三观已经扭曲了，善于用各种方式来道德绑架身边的人，如果你不让他们占便宜或想要维护自身利益，对方反倒会认为是你的问题。好在我借出去的钱并不多，没有太大损失。对于有些人来说，朋友就是用来利用的，这样的人根本不能称之为"朋友"，及早断交是最好的选择。

外婆在 80 岁之前一直独居省城，她为人热情，常在家招待那些从外地来省城办事的亲戚。一天，远房姻亲 H 夫妇来拜访，两人都穿着西式洋装，打扮非常考究，却是空手上门的，这不符合我们当地礼节——晚辈上长辈家拜访，一般都会带一些食品特产之类的礼物，虽然不贵重，但总是个心意。外婆也没计较，去老牌饭店叫了盒子菜，准备了传统点心，招待他们吃晚饭。两人吃饭时提出想喝佐餐酒，于是外婆打开了酒柜。

据说当外婆打开酒柜那一刻，H 瞬间眼睛都直了，外婆喜晚间小酌，就藏了些好酒，她的酒都是有些年代的，有些还不容易买到。晚餐接近尾声时，外婆去厨房给点心装盘，H 擅自打开酒柜门，挑了里面最贵的一瓶酒，醉醺醺地对外婆说自己非常喜欢这个酒，能不能送自己。外婆说她当时扫视了一下 H 的老婆，只见对方低下头一言不发，看样子不打算劝阻。于是外婆稍微愣一下，但很快答应了，还帮他包起来塞给他，对方非常高兴。

于是外婆一边夸他眼光好，一边说自己腿脚不便，不能上门拜访，所以需要他们帮忙带东西送给 H 的妈妈。一听还有其他礼物，夫妻俩连拍胸脯打包票，说绝对没问题，多少东西都能帮她带回去。外婆又说，她早就托人去准备了，但是目前还没拿到，并认真记下了他们回程的车票和时间，说要到车站送他们，顺便把托他们带的礼物一并拿去。

那天，外婆穿了做家务时穿的粗布衣，拖个也不知道从哪里弄来的破蛇皮口袋，口袋上还打了很多补丁，蛇皮袋里面装着满满当当的树枝，从破布袋的缝隙中清晰可见。在人山人海的候车室门口，外婆很大声地说，听中医讲，这树枝泡水对 H 母亲的病有帮助（后来我特意问了中医，这个是真的），她已写信给 H 母亲了，说了托 H 带礼物的事情，所以让 H 务必把自己的心意带到。H 夫妇穿着全套洋装，戴着礼帽，嘴巴张了又张，始终还是什么也没说出来，只干巴巴地挤出"谢谢"两字。

外婆满面笑容，目送着可以直接参演《蒂芙尼早餐》的两人拖着破旧肮脏的大蛇皮袋，长度不一的老树枝争相从袋口探

你不必是一朵花

出头，在众人的注目礼中走过长长的通道。因为外婆提前写信给了 H 母亲，所以 H 不敢把蛇皮袋扔掉，不知道他们上车后是怎么安置这个"行李"的，更不知他们出站的情形又是怎样的。光是想一想那场景都觉得很有趣。

此后，H 夫妻再没上门。

表弟知道此事后乐不可支，在各种聚会上提起此事，因此此事很多人都知道了，还引发了争议，亲戚们有人说外婆小肚鸡肠，跟小辈计较，没气度，也有人说外婆是作为长辈教育小辈是应当的。我觉得外婆做得巧妙，那天已经很晚了，关起门来，她一个老人又怎么敢跟醉汉争执不给？但是，若其他远亲都知道她家里的东西可以随便拿，对一个独居老人来说，无疑会带来麻烦。

子曰："小人不耻不仁，不畏不义，不见利不劝，不威不惩。小惩而大诫，此小人之福也。"意思是说："人格卑下的人没有羞愧之心，没有道德观念，没有畏惧，没有正义，不看到利益就不勤勉努力，不受到惩罚就不能在内心引起戒备，受到小的惩罚就会大为警惕。"

跟外婆谈及此事时，她无所谓地摆摆手说："我不会说什么'为他好，教育他'的话。我怎么做，是我的自由，谁也管不着。"

外婆有个"只吃一次亏"原则：先相信对方，但只要通过观察确认对方是不值得交往的，就立刻远离。确认，就是排除所有偶然或对方无心造成的结果，确认对方是否故意为之。妈妈说，外婆很难有老朋友，但我觉得，真朋友本就不可能多。如果一个人只因占便宜才跟你成为朋友，又为何要去维持这段关系呢？如果忍让会让他得寸进尺，就勇敢回击，杜绝下次。

规则是需要建立的，如果你不去维护自己的利益，一再接纳那些原本不想接受的东西，越不把自己当回事，你的底线就会一再被拉低，这样别人就越感受不到对你付出的重要，也就越不会珍惜你。一个人如果总是奉献，他的付出就会变得廉价，人对于轻易得到的东西往往不会珍惜，会觉得一切是理所当然。太多恩情无法偿还，对方就会合理化你的付出。一旦你停止付出，对方就会觉得你有罪，甚至因此恨你。这是非常恶劣的人际交往问题。

人的时间和精力是有限的，要用在自己和值得交往的人身上，这就是人际交往中的经济学，好钢要用在刀刃上，这样我们的生命将因此变得更加贵重。

实力是人际关系的基础

　　小时候家里总要接济爸爸老家的亲戚，所以妈妈一直很节俭，总是捡别人的旧衣服给我穿。上海的亲戚会把不要的旧衣服送给我们，因为在所有亲戚中，我和妈妈穿得最寒酸。爸爸的职业发展一直不顺利，在单位被边缘化。一次爸妈爆发争吵，是因为爸爸把家里一个昂贵的电子产品送给了同事。他总把自家不舍得用、不舍得吃的东西送人，还说自己厚道、重情义。但他的大方似乎没得到什么回报，气得他常说那些人是白眼狼。

　　外婆不便插手我们家的事情，只能帮助我梳理事情的逻辑，希望我能吸取教训。她这样解释："其实你爸非常自卑，希望能用大方换取他人的尊重和回报。但你想，将军关心士兵，下属会感激涕零，乞丐对士兵的关心则可能反而招来不屑。付出一样，为什么效果不一样？

"人也是动物，会根据彼此的等级来判断怎么交往，这是本能。有些人不敢对自己好，因为他们觉得自己不配拥有，性格拧巴，人非常容易暴躁。人越舍不得把资源倾斜给自己，付出就越不被重视，越不被重视，就越想被重视，自然会付出更多，资源都贡献出去了，自己还怎么发展呢？而有些人付出一点就会被感激。"

富人越富，穷人越穷，多的越多，少的越少。家族中，最孝顺的往往是最不受重视的那个孩子；婚恋中，如果一方卑微到尘埃里，可能反而被弃之如敝履。

一个人如何看待自己，会影响甚至决定别人如何看待自己。人性就是如此，你越卑微小心低姿态，越容易被轻视；越自尊自信有能力，越被重视。不要等别人来爱你，不要等别人来拯救你，越是没人爱，越要爱自己，越是身处沼泽，越要救自己于水火。把时间、精力、金钱狠狠投入到自己身上，对身体和情绪都有好处。你越觉得自己有价值，就越会好好经营自己，这样更容易成功，别人也会更尊重你的想法，

你不必是一朵花

重视你的付出。

当你从容自信时，自然有人关注你；当你越来越有能力时，自然会有人看得起你。所以只能先改变自己，你才有自信，生活才会慢慢改变。罗翔老师说："务必请你一而再，再而三，千次万次毫不犹豫地救自己于这世间水火。"能救你的，只有你自己。温柔、耐心地包容自己，缓慢地去前行，这就是成长本来的样子。

外婆非常喜欢旅游。有一次，她突然想去海边玩，顺便买些珍珠，旅行社说去的人太少组不成团，但是之前有另一位奶奶也咨询过这个，她俩也许可以结伴自己去。热心的工作人员询问对方的意见，征得同意之后，她俩结伴出去了，在外面玩得很开心，还互相参考着买了珍珠的小耳环、小胸针。回省之后，顺便去了另一个景区，酒店老板和外婆认识，她把外婆拉到一边问："你知不知道和你结伴的是谁？"外婆说不知道。对方说她是某个大领导的夫人。外婆听到后非常惊讶，因为对方在相处过程中没有一点架子。旅行结束回家之后，外婆也没有再跟对方联系。

有人说外婆傻，别人想搭上这样的关系也不容易，何况外婆还跟她朝夕相处了半个月，关系显得很亲近。

外婆却对此不以为然，她说："我们毕竟不是一个社交圈层的人，原本不知道身份，还可以轻松地一起玩，现在知道了难免有负担。自己有负担，对方也可能有负担。以她那样的条件，说一声想出去玩，乐意陪伴的人绝不会没有，人家为什么要自己出来呢？可能有她自己的考虑吧。**人与人的关系就是这样，有些人只能是一段时间的同伴，旅程结束，就不要留恋了，继续往前走，前面又有新的风景。**"

我刚工作的时候，看了很多讲如何拓展人脉的书，兴致勃勃地跟外婆分享其中的段落。外婆认真听完后，笑着说："一定要想想，你可以拿什么来交换，对方为什么要帮助你？**人际交往的本质是价值交换，你首先要看看自己有什么可以交换的。**一定要先发展自己，你手上有了可以跟别人交换的东西，合作的可能性才会大，合作也才能持久。人脉说到底是锦上添花的东西，不要因为把心思放在这里放松了真正的主业。"

有的人将主要精力放在攀附关系上，却忽略了自身实力的发展，希望别人无条件地帮助自己，甚至抱着"我弱我有理"的态度去进行道德绑架，这是非常不可取的。但也有人走入了另一个极端，封闭自己，不愿意与人交往，这同样也会造成问题。

你不必是一朵花

别让"清高"阻碍你的人生

先看这样一个故事。一个小孩搬石头，父亲在旁边鼓励："孩子，只要你全力以赴，一定搬得起来。"但最终孩子也未能搬起石头，他告诉父亲："我已经拼尽全力了。"父亲答："你没有尽全力，因为我就在你旁边，你没要我帮忙。"尽全力，意味着想尽所有办法，用尽所有可用资源。

爸爸一向自诩清高，分房子时正好跟厂长家做邻居，以"我又不求他，干吗凑那么近"为理由，宁愿选另一个面积小的房子，也要刻意绕开；平时能不求人就不求人，因为他觉得"开口矮半截"。

而外婆有着惊人的社交能力，曾被某豪华酒店邀请去培训员工。她独自出国探亲，带了两个巨大的行李箱，我们都在担心她拿不动，但她轻轻一笑说："我肯定没问题！"结果她全程有人护送，车站工作人员收到了外婆送的锦旗，后面还成了朋友。她和飞机上帮忙的留学生成了忘年交，后面请人家吃饭，参加年轻人的聚会，还热心帮人介绍对象。

外婆说，事情来了，要问自己三句话——

要做什么？

怎么做？

该找谁？

不要害怕麻烦别人，每个人都有自己没有的东西，想一想怎么用自己有而别人没有的东西，换别人没有而你又可以提供的东西。

我问："那如果开口被拒了，不是很没面子？"

外婆笑："你错了，问不问是你的事，答不答应是对方的事，对方不答应也不代表你就差，可能就是不方便，赶快问下一个人。如果你做不到这一点，就要想想为什么，因为这很可能就是你实现人生理想的障碍。"

一些人喜欢将"清高、原则性强"作为自己不行动的借口，越是这样的人，就越容易高估自己的道德，因为他们躲在

你不必是一朵花

清白的借口下，就可以替自己不满的现状找到指责外界的依据，心安理得地不行动。在与人交往中，整合资源需要不断经受挫败，需要大量时间和精力来磨炼，这才是他们不愿意行动的真正原因。

没有人是一座孤岛，很多事单靠自己的力量是无法完成的。需要求助时，表达出自己需要对方，被帮助了就表达谢意，对方也会有成就感。人际交往就是这样，你帮我，我帮你，彼此的关系才会越走越近。这样力量越来越大，我们才能去做更多的事，改变原本不能改变的东西。仔细看看自己所拥有的资源，你会发现这些资源比你想象的要多得多，是值得好好把握的。

牢牢把握主动性，放下无用的枷锁，以结果为导向，在所处的位置用所有资源做力所能及之事，永不放弃，是实现幸福的途径。

永远保持你的主动性

外婆一生都在帮助他人，而且她总是在授人以渔，教会别人谋生的技能和为人处世的道理，无形中改变了很多人的命运，比如教被家暴的保姆阿姨保护自己、同命运抗争的方法。

外公的好相貌给外婆带来了很多麻烦，不断地有女人想要挖墙脚，又都不愿意承担外公养家的重担：外公微薄的工资必须全部寄回去供养父母和两个妹妹。外婆结婚后，丰厚的嫁妆渐渐见底，直到遣散最后一个佣人。外婆开始用弹钢琴养活全家人，伴奏，教课，去学校当音乐老师，后来又做教导主任。她的家务一直都做得很马虎，但又能苛责她什么呢？

也许是因为当年冷水沾得太多，也许是因为钢琴弹得太

你不必是一朵花

多，她的手指严重变形，晚年时苦不堪言，但她从未抱怨过外公对婆家的支援，她只是淡淡地说："大姑小姑总要读书啊，老人总要吃饭，不管怎么行。"

外婆有一样魔法，就是总能够把多到不可思议的东西塞进一只皮箱，拿出来之后每样东西依然整整齐齐。我对此一直不解。直到她去世后，有一次出国前我坐在硕大的行李箱之前犯愁：为何我没有外婆的超能力？为何她能做到？

突然耳边似有一声惊雷炸裂，我突然明白：那是因为她一生颠沛流离，不知搬过多少次家，收拾过多少次行李！在无数次的收放之间，她一次次总结经验，最后才"练成"这项技能。可她从未说过这些。你若是问起这段婚姻，她只会说：

"我为什么不可以自由恋爱？为什么不能嫁给没钱的人？"

"我的嫁妆我自己支配！"

"真的喜欢一个人，是非常难得的，一定要抓住机会。"

"喜欢一个人，就说啊，不说对方怎么知道呢？"

"喜欢一个人，就去追啊，女孩子怎么了，错过真爱可能一辈子后悔。"

有一年，大院围墙重修，门移了，原先的公交站还在原处，要多走路，还要下一个高台，这样一来老人出行不方便，也容易摔跤。于是外婆写信给相关部门反映情况，又在信封里塞进一个贴好邮票写了自己地址的信封。我不解，觉得这是公交公司分内的事。她笑着解释："你错了，搬车站对他们来说早一天迟一天影响不大，但我很需要车站早点搬，所以就不能等着，要努力促成。如果我只是打电话抱怨，对方会想还要去调查太麻烦，因此让我等集中处理。我帮他们把调查报告写好，他们只要把回信塞到信封里就能给我寄来，举手之劳，对方会更愿意做。"

很快，车站换地方了。

这件事对我影响很大，再遇到事情，我会扪心自问：这是谁的需求，谁更需要一些？如果是我，那我就要马上行动。

外婆家的大院外沿街有一排店，其中一家店主打扫完卫生就往门口泼废水。那时路面大都不平，如果有老人经过，一旦滑倒，后果不堪设想。有人跟店主讲了泼水的危险性，店主也只是敷衍。由于大院住户多是老知识分子，碍于面子不敢去理论，所以滑倒了也是自认倒霉。只有外婆，每天在店门口反复讲，笑容可掬、和蔼可亲，店主也不好发作。后来有很多老人和子女都加入"车轮战"，店主终于认输，每天把水倒进下水口了。

我感觉奇怪，因为外婆和其他老人明明就是"受害者"，为什么作为"施害者"的店主可以心安理得地不行动，而"受害者"却要不断奔波？

她却说："外婆才会告诉你这些，你听好了。一定不要把自己放在'受害者'的位置上，因为我们默认有罪的人才需要改变，一旦你坐定了'受害者'的位置，就容易强调别人的责任、外界的环境，而自己心安理得地不行动。自己的利益自己都不去维护，谁又会来管？欺负你的人不会因你抱怨就收敛。自怜对事情的改变没有任何用处。公平往往不是等来的，是争取来的。不要总想'他害我'，要想'怎么办'。

"如果一件事会影响到你，你就要主动行动。你永远叫不醒一个装睡的人，要在他身边点燃一根火柴，大喊失火了，才有用。装睡对他只有好处时，他才会装睡，没好处反而可能有害时，他立刻会跳起来。

"店主不知道泼水不好吗？他当然知道。因为去下水口倒污水要多走一截路，他就是想偷懒。既然得到了方便，他怎么会有动力改？

"生活中大多数规则都是'磨'出来的。占便宜时间越久，就越会觉得自己有理，你越晚反抗他就越恨你。所以一定要趁开始时就行动！他现在每天都去排污口倒水了，养成习惯了反而不会觉得麻烦。"

在我们身边，这样的例子屡见不鲜：在家里，父母偏爱其中一个孩子，公婆欺负媳妇，老公装看不到家务；单位里，领导把一大堆事情推给一个人，不给好处，还推卸责任。他们当真不知道这不公平吗？知道的，但这没有影响他们的利益，因此他们不愿改变。而你，越把自己放在弱者、受害者的位置上，越容易被伤害、冒犯，丧失主动权。**不要把期望寄托在别人身上，因为这样是把主动权让给了他人。**

现实是复杂的，很多时候，不是争取就一定会有回报，而是争取才可能有回报。世界上没有绝对的公平，俞敏洪说："你不努力，永远不会有人对你公平，只有你努力了，有了资源和话语权，才可能有为自己争取公平的机会。"

鸟不会害怕树枝断裂，因为它相信的不是树枝，而是自己的翅膀。如果你一直躺在受害者的立场上，意识里就永远需要有一个加害者为你的痛苦负责。这样自己就可以一直不爬起来。如果将成长的本能变成"被救赎"的期望，我们的翅膀就断了。

真正的救赎，是自救。

你不必是一朵花

曾国藩的十六字箴言为："物来顺应，未来不迎，当时不杂，既过不恋。"外婆每一条都做到了，她不焦虑，不自己吓自己，做最好的准备，毫不畏惧、迎难而上，失败了再战，直到成功，若是真的不能成功，也嘿嘿一笑，淡然处之。

只有你能承担自己的人生，愿你我此生无悔。